庫大堂東 預備倉南門內知縣張元英改建于察院司之墟 社倉儀門外西久廢

演武場舊在城西南為河水所衝今移城東堤堰外

總舖縣前 洛陽舖縣東二十里 化樂舖四十里 張村舖七十里接臨汾縣界 薛關舖縣西二十里 張庄舖五十五里接隰州界

養濟院小東關久毀 漏澤園縣北 義塚縣西邑人馮主敬施

蒲州城西北隅郎元河中府治初建莫考唐明皇幸蒲鑄鐵人于治前明洪武二年改為今治正統間知州張瓛重修成化間知州許鵬增修

國朝順治元年兵毀康熙十年知州李雄飛重建

大堂 戒石亭廢 東西六房 儀門 大門

贊政廳 幕廳俱廢

知州宅大堂後　州同宅知州宅東　吏目宅舊在知州宅西後移州判宅內在東

土地祠儀門外東偏　賓館儀門外東側土地祠西

申明亭　旌善亭俱廢

按察分司州治前西偏　中分司按察司東　府館中分司南俱廢

陰陽學　醫學城西南隅俱廢　僧正司十方院　道正司城隍廟

大堂東庫名廣盈　預備倉州大門內東南　永寧倉城西南廢　常平倉州南北東三鄉

稅課司東門外收稅無定所鈔裁今俱廢

分守河東道公署州治前東偏洪武二年知州徐政建嘉靖間地震盡圮知州王文元遷像

重建　國朝順治十三年參議薛陳偉增修康熙二年移守道駐郡城改協鎮府六年缺裁十一年復設仍改

協鎮府爲守道衙門四十四年副使葉九思重修

清軍府同知公署州治東即元河東縣治創自隋開皇十六年明洪武二十八年改建察院嘉靖間知州邊像再建康熙二十九年奉
旨以平陽府同知移駐蒲州改公署同知劉民聰增修

遊擊公署州治東守備公署州治東守禦所州治東南

河東驛南門外永豐廂今廢僦居民房遞運所東門外韓文廂久廢所夫隨驛應役

演武廳

風陵渡巡檢司州南六十五里

永樂鎮巡檢司州東南一百二十里即舊永樂縣治

總鋪州治前接河西夕陽鋪通陝西朝邑今廢孟盟鋪州東十里張志鋪二十里趙

伊鋪三十里接臨晉永泉鋪以上東路通解州　申家鋪州東北十里　呂芝鋪二十里

高公鋪三十里　信昌鋪四十里接臨晉任陳鋪以上東北路通臨晉猗氏　鐵爐鋪州南十里　中王鋪二十里　癸酒鋪三十里　獨頭鋪四十里　匼河鋪五十里　田村鋪六十里接華陰潼關鋪以上南路通潼關　昭德鋪州北十里　蘇村鋪二十里　常德鋪三十里　敬祥鋪四十里　東張鋪五十里接臨晉周吳鋪以上北路通河

榮華王鋪　小李鋪俱州東南通芮城平陸

養濟院城西南隅通化坊　漏澤園北門外厲壇旁明弘治五年知州許鵬建

臨晉縣城中央元大德中建明洪武四年知縣郭彧重修弘治四年堂焚知縣王鑑重建嘉靖三十四年地震圮知縣李世藩重建隆慶中知縣史邦直增修

國朝康熙間知縣齊以治徐煜潘鵬雲王光皐遞有增修

大堂　戒石亭　東西六房　儀門　大門

贊政廳大堂東

知縣宅二堂後　縣丞宅縣宅東康熙十四年縣丞許允元捐修二十八年縣丞雷務撰繼修

典史宅縣丞宅東南

土地祠儀門外東　寅賓館土地祠西　譙樓建大門上

旌善亭縣門外東　申明亭旌善亭東　獄六房西南

察院縣治東康熙十九年知縣王光皐修

布政分司城隍廟東久廢　按察分司儒學東今改爲雷公祠

陰陽學縣治西廢　醫學縣西北廢　僧會司慈氏院　道會司通真觀今存遺址

庫大堂西預備倉北城下社倉縣治西北門内

演武場縣城東南

吳王寨巡檢司縣西三十里今裁樊橋驛縣東南十五里樊橋鎮今移縣東關

總舖舊東關外城西舖東至猗氏下任舖十里西至本縣吳村舖十里吳村舖西至南王

舖十里南王舖西至任陳舖十里北至北王舖七里南至齊店舖二十五里北王舖北至

縣郭下舖十里任陳舖西至蒲州信吕舖十里馬村舖東北至萬泉縣烏鈌舖十里西南至

縣前郭下舖四十里石衛舖東至解州席張舖十里西至虞鄉舖十里虞鄉舖西至齊店十里

齊店舖西至永泉舖十里永泉舖西至蒲州趙伊舖十里郭庄舖西北至滎河天

行舖十里西南至周吳舖十里周吳舖西南至蒲州東張舖十里養濟院縣治西北門内

漏澤園東郭門外

滎河縣城東北元至正十一年主簿邢天傑建明洪武三年縣丞馬復禮重修弘治間知縣高騰增修嘉靖間知縣侯祁徐騰各重修萬曆間知縣梅煥增修
國朝順治十八年知縣張錫文增修

大堂　戒石亭　東西六房　儀門　大門

典史廳大堂東

知縣宅二堂後　典史宅大堂西偏北舊爲主簿宅

土地祠儀門外東　寅賓館土地祠西　譙樓大門上

旌善亭縣門東　申明亭縣門西久廢順治十八年重修　獄六房西南

察院縣東　布政分司察院西廢　按察分司布政司西廢　府館按察司西廢

陰陽學　醫學俱縣治西　僧會司天寧寺　道會司城北河村修真觀

庫大堂東　預備倉舊府舘改建　社倉建在各里

總舖縣治東　周王舖城東北十里　馮村舖城東北二十里　楊蓬舖城東北三十里　薛稽舖城東北四十里接河津衙村舖　畨底舖城南十里　小王舖城南二十里

天興舖城南三十里接臨晉郭庄舖

養濟院城隍廟東

猗氏縣城西元大德間縣尹閻璧建明洪武二年重建弘治十一年知縣徐誼增修嘉靖乙卯地震傾頹知縣韓應春重建

大堂　戒石亭　東西六房　儀門　大門

贊政廳大堂東今爲倉房

知縣宅二堂後　縣丞宅大堂東　典史宅大堂舊主簿宅前

土地祠儀門外東　寅賓館儀門外西　獄六房西南　譙樓縣治南萬曆間縣丞張順治建

旌善亭縣門外東廢　申明亭縣門外西廢　稅課司縣治東大街今裁

陰陽學縣治東北　醫學縣治東　僧會司妙道寺　道會司太清觀

察院縣治東今廢　布政分司縣治南今廢　按察分司縣治西今廢

庫　預備倉縣治西北　豐濟倉　育林倉　社倉俱廢

演武場舊在城東南萬曆間改建城西

總鋪西關外　張廣鋪城西十里　下任鋪城西六十里達臨晉　大楊鋪城東十里

達聞喜

陳庄舖城北三十五里達萬泉　郭村舖城東南十五里達運城

養濟院縣治東北　漏澤園有二一在城西路北一在城東路北

萬泉縣城東南元至元十六年邑人皇甫祐建明洪武九年知縣王俊德修

國朝順治十八年知縣鄭章康熙三十五年知縣瞿亮邦屢修

大堂　戒石亭　東西六房　儀門　大門

幕廳大堂東

知縣宅後堂東　典史宅儀門內東

土地祠　寅賓館儀門外東　獄儀門內西

申明旌善亭縣前廢

察院縣治西北　布政分司　按察分司俱縣治西北廢

陰陽學　醫學俱廢　僧會司　鐵佛寺　道會司　城隍廟

庫大堂西　預備倉崇德坊西街　義倉縣治西

演武場舊在城北偏後稜北門外

總舖察院東　張戶舖城東北二十里接稷山東衛舖　西薛舖城西南十里　北薛舖城西南十里接衛氏陳庄舖　王亞舖城西南二十里

養濟院崇德坊街北　滆澤園城北廟壖東

河津縣城正北元皇慶初建明知縣雍焯李成棟張汝乾相繼修明末寇焚

國朝順治三年知縣馬之驥重建十一年知縣王應泰十五年知縣賈士璲康熙九年知縣崔鳴鷟三十年知縣

楊玉屢修

大堂　戒石亭　東西六房　儀門　大門

幕廳大堂東

知縣宅二堂後　典史宅二堂西

土地祠儀門外東　譙樓大門上　獄儀門內西

陰陽學縣治西　醫學縣治西南　僧會司覺城寺　道會司天慶觀

察院縣治東康熙間知縣馬光遠重修　布政分司縣治西北　按察分司縣治西

庫樓二堂東　預備倉按察司後知縣高文學重修　社倉一在縣治東知縣張汝乾重修一在樊村一在樓底知縣高文學建

演武場城東

禹門渡廵檢司縣西二十五里龍門山下

穩舖縣門內東廊後郭樊舖城東十里百底舖縣東二十里接稷山界修福舖城南十里小梁舖城南二十里集賢舖城南三十里接榮河縣界

養濟院縣治西南豐年寺後

觧州城正中隋大業九年改建元至正三年重修學正郭執中重修成化間知州張寧張鉞弘治間知州李溥程觀各有修建

國朝康熙元年知州呂兆璜重修

大堂　戒石亭　東西六房　儀門　大門

幕廳

知州宅舊在後堂後少西今移於堂東　吏目宅知州宅南

土地祠儀門外東　迎賓舘土德廟前　獄儀門內西北

申明亭　旌善亭俱在州治南圯

陰陽學州治南廢　醫學司攺建廢　鎮山坊稅課　僧正司興福寺　道正司崇寧

宮　察院州治東北知州張華建　布政分司州治西北本元忠襄頴川王祠洪武初攺建後

又移布政司于解梁書院　按察分司州治東廢　府舘州治西廢　鹽運西分司儒學

東成化間建運判袁翺記

庫樓後堂少西　預備倉州門東　大常平倉　社倉久廢

演武場西門外

長樂巡檢司州東北十里鹽池北姚家莊久廢康熙八年巡檢俞文龍移建中村

鹽池巡檢司州東南二十里蚕房村東南久廢于康熙八年巡檢章應吉移建中村

總舖州治東北　姚家舖州東北十里　張景舖州東北二十里通安邑　常平舖州東南十里通平陸　平舖州南十里在中條山内接芮城　胡村舖州西十里　席張舖州西二十里通臨晉

養濟院州城禮賢坊街東　漏澤園州西門外

安邑縣城西北前代無考明景泰初知縣稽岩主簿楊廸創建成化間知縣王徵隆慶間知縣袁弘德萬曆間知縣吳愈各重修

大堂　戒石亭　左右六房　儀門　大門

贊政廳大堂西

知縣宅後堂北　縣丞宅儀門內東　典史宅儀門內西

土地祠儀門外東　迎賓館儀門外東南　獄儀門內西預備倉南　譙樓儒學東

申明亭　旌善亭俱大門外東　稅課司一在縣城一在運城今廢

陰陽學　醫學俱縣治南廢　僧會司太平興國寺　道會司長春觀

北察院縣治北隆慶四年知縣袁弘德建　布政分司縣東南弘治中改建東察院

按察分司縣東南弘治中改建南察院　運司東分司縣治南嘉靖十四年建

庫大堂東　預備倉儀門內西舊主簿宅前　社倉一在縣一在北相鎮一在李莊里一在陶

村鎮演武場縣西門外

聖惠鎮巡檢司縣南五里

西姚巡檢司縣南二十里官隸絳州　泓芝驛縣北四十五里　馬廠縣東門外

清河通運所運城內西北隅舊有坊夫萬曆間知縣吳愈增設夫馬令大使統領之

東郭鎮公館今廢址存　鹽院公署　鹽運使公署　運判公署　經歷司公署　知事公署俱縣西二十里駐運城　總鋪縣前

泓芝鋪縣北四十里西至猗氏界大陽鋪十里　古村鋪三十里　下郭鋪三十五里

趙霍鋪四十里東至夏縣界曹張鋪十五里共五十五里　李庄鋪城東十里東至夏縣界楊村鋪十五里共二十五里　賀村鋪城南八里　北路鋪十六里　李店鋪城西八里西至

解州界張裕鋪十二里共二十里　西王曲鋪二十六里　北孫塢鋪三十六里西至猗氏界郭村鋪十五里共五十五里

養濟院縣治東北　漏澤園縣西門外

夏縣城南門内元大德八年達魯花赤僧僧建至正七年縣尹何義明成化七年知縣王徵嘉靖十一年知縣鍾昶修三十四年地震傾毁知縣王言大李溥相繼建萬曆十九年知縣高奎重修

國朝順治六年賊燬康熙六年知縣劉非國重建

大堂　戒石亭　東西六房　儀門　大門

贊政廳

知縣宅二堂後　縣丞宅二堂東　典史宅二堂西北　西

土地祠儀門外西　寅賓館儀門外西南　獄六房西南　譙樓縣治中

申明亭　旌善亭俱縣西

東察院縣治東正統間建順治六年賊燬　西察院縣治西郎預備倉舊址嘉靖間建賊燬

布政分司縣治南正統間建舊址古栢尚存　按察分司常平倉廢地初改温公書院後

復建公館　府館縣治南

陰陽學　醫學縣北廢　僧會司法輪寺　道會司壽聖宮

庫樓二堂東　預備倉一在文廟東今改魁星樓一在縣治西後改西察院俱廢　新預備

倉縣治西知縣李溥建　社倉水頭曹張胡張裴介凡四萬曆間知縣高奎修今俱廢　常平倉

縣治西乃西察院廢基其先爲預備西倉舊址康熙四十一年知縣郎廷枚改建

守備公署南關南北街東

演武場西門外

裴介鎮官廳萬曆十九年知縣高奎修水頭鎮官廳萬曆十年知縣孫養黙建廢

曹張鎮官廳知縣李溥建孫養黙修廢胡張鎮官廳知縣孫養黙建

總鋪縣治西南小吕鋪城南十里楊村鋪城南李庄鋪達安邑二十里接安邑縣

秋風鋪城南十里二三橋鋪城南陸張店鋪達平陸三十里接平尉郭鋪城北十里

西陰鋪城北十里二胡張鋪城北十里三泊頭鋪城北聞喜縣總鋪四十里達

曹張鋪城西邑霍趙鋪達猗氏四十里接安常村鋪城西小郭店達聞喜二鋪四十里接聞喜

傳遞蒲州臨晋猗氏一帶公文水頭鋪城西十五里三牛家凹鋪城西接安邑石碑三十里

庄達安邑舊觧州芮城安邑往來北路公文由楊村小
呂等鋪達聞喜在道不便萬曆間知縣高奎增建水頭
牛家凹二鋪各處徑捷且便仍將北路南路每鋪摘鋪
兵一名在二處應役

養濟院縣治西知縣閻育建陳世寶修　漏澤園縣西門外縣丞楊士雄捐置有義塚碑

聞喜縣在城中央金正隆二年縣令楊子益修元至正二十年達魯花赤兀馬里縣尹王濟明正德間知縣王棨胥闔良貴王琳重修
國朝順治六年燬於寇十六年知縣李如蘭重建

大堂　戒石亭　東西六房　儀門　大門

幕廳大堂西

知縣宅二堂後　縣丞宅大堂東　典史宅大堂西

土地祠儀門外東　迎賓館土地祠東　獄大堂後西

申明亭縣門前東　旌善亭廢　譙樓焚

察院縣治東街知縣李如蘭重建　布政分司　按察分司俱縣治後北街燬

府館縣治東

陰陽學　醫學俱縣治東　僧會司鐵塔寺　道會司凝真觀

庫大堂後東偏康熙間知縣沈光瑀增建　預備倉西　儒學常平倉五今俱廢

義倉書院後知縣沈光瑀建

演武場西關外知縣沈光瑀重建

涑川驛西關北街　官馬廠驛館西本縣十號䅩稷二縣在館內西北各一號康熙五年知縣梁

參乾建

東鎮官亭 順治五年知縣孫芝華重修 蘭德鎮官亭 知縣孫芝華重修

蘇店官亭

總鋪 城西關 宋店鋪 城西十里 小郭店鋪 二十里西接夏縣常村鋪界十里共三十里西南接夏縣泊頭鋪界十里共四十里 儀張鋪 城東十里 馮家庄鋪 二十里 東鎮鋪 三十里 問店鋪 四十里 蘭德鋪 五十里接曲沃隘口鋪界十里共六十里 西祁鋪 城東南十里接絳烟庄鋪界十里共六十里 獅子鋪 在山內接絳縣烟庄鋪離聞喜十里

劉庄鋪 在山內接垣曲黎樹鋪離聞喜十里

養濟院 舊在北門內東街知縣李如蘭改建西關城內街北 漏澤園 一厲壇西一東關外

平陸縣 城中稍東元至元中縣尹張敏建明洪武二年知縣姜儀修嗣後知縣王紳杜爵吳守禮王癸蒙丁

一元鄭金魏學徵陞之元各增修國朝康熙元年霪雨傾毀知縣李德論修八年知縣陳國泰十一年知縣呉錦十五年知縣柴應辰康熙三十八年知縣王臣國四十四年知縣董之燧增修

大堂　戒石亭　東西六房　儀門　大門

幕廳 大堂西

知縣宅 堂後 典史宅 縣宅東舊爲縣丞宅

土地祠 儀門外東 獄 儀門外西 譙樓 大門上

旌善亭 大門外東 申明亭 大門外西

察院 縣治東洪武間主簿高汝霖建康熙間知縣柴應辰重修 布政分司 縣治南正統間建

府館 東關街東正統間建 稅課司 縣西街北今裁

陰陽學城南醫學縣治南俱廢僧會司城外東南隅道會司隆禧觀

庫大堂東預備倉縣治南洪武間知縣管寧建康熙間知縣柴應辰重修

北社倉北門外迤東城壕北岸久廢東社倉縣東三十里八政南今廢

演武場北門外西北隅

沙㵎茅津渡廵檢司縣東二十里黃河岸北洪武二年建康熙十六年廵檢唐名爵重修

白浪渡廵檢司縣東一百八十里黃河岸北今廢

遊擊公署縣東南二十里河頭街西

總舖縣治東盤南舖城東十里白土舖二十里八政舖八十里太寬舖

十里軨嶠舖十里張店舖十里接夏縣三橋里車南舖城北十里接安邑東郭

西村舖城西五里　赤水舖十里　坡頭舖十五里　平高舖十里　岳村舖

十里接芮城陌底舖　黄華舖城北三十里至解州五十里

養濟院北門外　漏澤園東關東北

芮城縣城西北隅明洪武二年縣丞楊得建成化五年知縣李英修嘉靖萬曆間知縣強自省王養心重修

大堂　戒石亭　東西六房　儀門　大門

幕廳大堂西

知縣宅二堂後　典史宅儀門內東舊爲主簿宅

土地祠儀門外東　寅賓館土地祠南　獄儀門外西

申明亭　旌善亭俱大門外　譙樓大門上

布政分司縣治東廢按察分司布政司東廢

陰陽學醫學俱縣大門内廢僧會司延慶寺道會司樂全觀

庫大堂東預備倉縣治東北明知縣張友直建今欧儀門西康熙四十六年知縣邵璿增建六間

演武場南門外

王村曲渡巡檢司縣東四十里

總舖縣治西南張舖城東十里東呂舖城東二十里董壁舖城東三十里

陌底舖城東四十里東達平陸嶺底舖城東北五十里嶺上舖城東北六十里達解州

蔡村舖城西南三十里達蒲州

養濟院預備倉西知縣張友直建

絳州城西北崖上明洪武九年知州顧登重修成化六年知州言芳弘治九年知州時中增修萬曆五年知州

屆大堂十八年知州白璧

國朝順治間知州張雲龍康熙七年知州劉顯第三十九年知州胡一俊重修

大堂　戒石亭　東西六房　儀門　大門

幕廳大堂西

知州宅堂後次州同宅東夾吏目宅西夾道　公樓北　道

土地祠儀門外東　賓賓館儀門外東北　獄儀門外西

申明亭鼓樓西北今廢　旌善亭鼓樓坡下布政司門左廢

鼓樓州治東南康熙五年知州劉顯第重修　鐘樓鼓樓西南弘治元年建知州劉顯第重修

察院郎舊正平縣治知州劉顯第胡一俊修　新公舘察院東二所　布政分司鼓樓坡下廢　按察分司鼓樓門內廢　府舘鼓樓門內廢　公舘鼓樓院內廢

稅課司南門內裁

陰陽學　醫學俱按察司南　僧正司鐘樓寺　道會司元都觀

預備倉州大門內　常平倉預備倉內　社倉北關泉掌三林義泉陽王共五處

演武場州北羊角山　遞候亭北關南關西關三處

總舖州治南　平原舖城北十里　義泉舖城北二十里　三林舖城西十里

古交舖城西二十里　周村舖城西三十里　狄庄舖城東十里

養濟院孝義坊知州劉顯第修　漏澤園北門外北坡

稷山縣城中北隋開皇間建元至正間縣尹衛稷重建明洪武間知縣李公讓永樂間知縣趙亨正統間知縣楊椿增修嘉靖間知縣馮應元于葉孫倌重修

大堂　戒石亭　東西六房　儀門　大門

幕廳大堂西　積貯庫後堂東偏甃爲崇臺搆樓其上

知縣宅堂後　縣丞宅大堂東　典史宅大堂西即舊主簿宅

土地祠儀門左　寅賓館大門左　獄儀門右

譙樓宣化門上數十武歲久圮廢康熙二十四年知縣梁永淳重修題曰聚勝樓

申明亭縣大門東　旌善亭縣大門西　鐘樓縣治南

察院縣治東　布政分司東門內久廢康熙三十四年知縣侯文燦改建講堂　按察分

司（縣治東廢）府舘（察院西久廢康熙二十年知縣朱天爵改建義學）陰陽學　醫學（俱久廢）僧會司（雨花寺）道會司（城隍廟）

預備倉（察院後康熙四十六年知縣謝兆龍捐修）社倉（凡五小河下廸吳城大杜小翟明萬曆四十六年知縣劉三錫俱重修今俱廢惟大杜改建義學）義倉（順治間建今廢）

總舖（城外東關）管村舖（城東十里東接絳州周村舖界十里共二十里）吳城舖（城西十里）

下廸舖（二十里西接河津栢底舖界十里共三十里）東衛舖（城西南三十里南接萬泉張戶舖界二十五里共五十五里）

養濟院（西門外舊在儒學西後改建于此）漏澤園（城南靈虛觀西）義塚（城東北凡三處）

絳縣（城正北元大德五年縣令張敦武建明正統成化嘉靖萬曆間知縣劉智陳能李光違徐三畏王思治黃

平陽府志　卷之八　三十

知縣宅二堂後　典史宅大堂西

衙神廟儀門東　寅賓館儀門東　譙樓大門上　獄儀門內典史廨南

申明亭　旌善亭俱儀門東

察院縣治東　稅課司縣東裁

陰陽學　醫學俱縣治西　僧會司興國寺　道會司城隍廟

王莽公館　皁落公館俱廢址存

横嶺關巡檢司城西九十里

庫大堂西耳房　預備倉附社倉在縣城隍廟東弘治間建康熙六年知縣紀弘謨增修　社倉王茅北羊皁落凡三廢　常平倉城內上王村皁落劉張村凡四俱廢

演武場西郊康熙二年知縣朱尚義建紀弘謨重修

總鋪縣大門東　下亳鋪縣西十里　王茅鋪二十里　交斜鋪三十里　青廉鋪四十里　阜落鋪五十里　梨樹鋪六十里接聞喜界柳莊鋪

養濟院西關康熙八年知縣紀弘謨重建　漏澤園縣西教場東有坊

霍州城東北元權爲國王行邸大德七年地震圮八年監州州失利不花同知州李伯淵修葺至正十八年燬明洪武四年州同知呂稷建成化初知州張玘鮑克恭嘉靖間知州褚相增修

大堂　戒石亭　東西六房　儀門　大門

吏目廳

知州宅二堂後　州判宅知州宅西　吏目宅儀門外東

土地祠儀門外東　禮賢館大堂西南　譙樓大門內　獄

申明亭　旌善亭俱儀門外西舊在州前街南嘉靖間知州湯克寬改建于此

察院布政司東弘治四年知州張紀以按察司改建　布政分司舊在州治東嘉靖間知州安如圖以霍山驛改建今在察院西　按察分司澄清坊東圮　府館城西南隅　小分司布政司左右各一知州褚相重修　稅課司州儀門外東廢

陰陽學州前　醫學南門內　僧正司西福昌寺　道正司太清觀

庫樓大堂前東　下庫大堂西　預備倉儀門內西　廣福倉儀門內東

常平倉東福昌寺廢　社倉在城附預備倉在鄉師庄辛置二處

演武場州城北　霍山驛東關　霍山遞運所布政分司東

總鋪州治前　鑾鈴鋪州南十里　辛置鋪二十里　仁義鋪州北十里

周村鋪二十里　師庄鋪三十里　白道鋪四十里

養濟院州前一里南小巷

吉州城西隅明洪武間知州許志昇建成化間知州謝鎮、知州重修崇禎間知州陳諤言重建

國朝康熙八年知州南鵬增修

大堂　東西六房　儀門　大門

佐政廳大堂西　大堂庫大堂東

知州宅大堂後　吏目宅州宅西

土地祠州大門前　迎賓館大門東　獄儀門東

祭院城東隅　府館城外今廢

陰陽學　醫學　僧正司　道正司俱廢

守備公署

演武場州北三里

平渡關巡檢司州西北一百六十里

烏仁關巡檢司城西七十里今裁

總鋪州前　安固鋪城南十里　三垢鋪城南二十里　馬速鋪城南三十里通鄉寧路

桃源城東北里　官亭城東北六十里通大寧路

養濟院北關

鄉寧縣城西北隅舊治傳河宋皇祐年縣尹劉舒改遷鄂侯故壘郎此元末縣尹宋景初復建明洪武間判守正重修知縣王國楨李枝焦守巳增修

國朝康熙十一年知縣張聯箕重修

大堂　戒石亭　東西六房　儀門　大門

佐治廳大堂東

知縣宅大堂後　典史宅大堂東

土地祠儀門內東　迎賓館儀門外東　譙樓大門上　獄儀門內西

申明亭儀門西

察院縣治東知縣張聯箕改建府館　布政分司縣西北今廢

陰陽學西門外　醫學在縣　僧會司昭遠寺　道會司元眞觀

庫大堂西　預備倉　社倉城西南隅營裡鎮官水鎮三處俱廢

龍尾磧巡檢司縣西一百里裁

總鋪郎廟下　營裡鋪城東十里　胡村鋪城東二十里　公曹鋪城東三十里　石窰鋪城東四十里　嶺底鋪城東五十里　樊家鋪城東六十里　腰裡鋪城東七十里　黃家鋪城東八十里　官水鋪城東九十里　石猴鋪城東一百里　鋪頭鋪城東一百一十里通本府　十里鋪城北十里　平原鋪城北二十里通吉州

養濟院縣治東北康熙九年知縣張聯箕重修

隰州城東北隅元至正六年建明洪武間知州吳從周重建崇禎五年流寇焚毀七年知州周培忠修建

國朝康熙五年知州胡文煥三十九年知州鄭恂四十六年知州錢以塏重修

大堂　戒石亭　東西六房　儀門　大門

贊政廳大堂軍器庫西

知州宅後堂北　吏目宅大堂西吏目鄭基重修

土地祠儀門東　寅賓館儀門西　鐘樓大堂東　獄大堂西南

申明亭大門外東燬

陰陽學　醫學預備倉西俱毀　僧正司安國寺　道正司關帝廟

察院州西南隅今廢

庫大堂東　預備倉州治西　西倉知州鄭恂建　北倉知州錢以塏建

守備公署州治西

演武場城外東北隅

廣武莊巡檢司

總鋪州門外西 麗村城北十五里 蓬門村城北三十里 路家峪城西四十里

許家原城西五十里 曹城村城西南十五里 處提村城西南二十五里

桑子村城西南三十五里 仵城鋪城西南六十里

養濟院察院東 漏澤園一城北古城村一南門外一龍化村一王家庄一北門外共五處

大寧縣城東北隅元末右丞時權建明洪武初縣丞詹濡重建萬曆戊寅知縣蘇權

國朝康熙十一年知縣馮應泰重修

大堂　戒石亭　東西六房　儀門　大門

贊政廳大堂東廢

知縣宅三堂後　典史宅大堂東

二神祠儀門外東　寅賓舘儀門外東　獄大門內西

申明亭　旌善亭俱在縣東廢

察院縣法王廟東舊在東關順治十八年知縣吳興祚移建

陰陽學　醫學　僧會司　道會司俱廢

庫大堂西天啓間知縣劉淡然砌以石　預備倉寅賓舘北萬曆間知縣程攀建內外俱砌甎石

常平倉舊在小寨廢　義倉縣治東舊在大寨康熙二十九年知縣劉芳永移建

社倉縣治東知縣劉芳永移建　新義倉縣治東隅知縣胡文煥建

馬鬭關廵檢司縣西七十五里裁

總鋪在城　大馮村城東十里　羅曲二十里　胡城三十里　栢坡底城南三十里　房村城北十五里

養濟院南門外　漏澤園城東一　城西一　知縣劉淡然建

永和縣城西北隅元至元間建明洪武間主簿徐大榮修正統間知縣胡貞隆慶間知縣張守禮增修

國朝順治五年知縣楊泰十年知縣武士豪重修

大堂明末燬今以二堂代之　戒石亭傍有宋時古槐三株　東西六房

儀門　大門

幕廳廢

知縣宅二堂後　典史宅儀門內東

土地祠儀門外東　寅賓館廢　譙樓縣治大門東康熙四十二年知縣趙堯章建

申明亭　旌善亭俱廢　獄儀門內西

布政分司廢　按察分司縣東廢　府館縣東南廢

巡檢司城西北七十里黄河岸今廢

陰陽學　醫學俱廢　僧會司興化寺　道會司關帝廟

庫堂西　預備倉　常平倉　社倉俱大門內西

演武場南門外

總鋪北門外　官庄鋪縣北十里　烏門鋪二十里　索陀鋪三十里

劉臺鋪四十里

養濟院廢

平陽府志卷之九

學校

學校之設徧天下規模制作沿有定式其在平陽猶他郡也其在屬邑猶郡治也以其爲教化所自興人材所從出故不敢濶之一切官廨中別爲一衮以明治之所重有在乎斯董正倡率守土者與有責焉而師之所以教與弟子之所以學其亦宜祟正黜浮相率而勉於聖賢之路也與作學校志

明洪武二年十月辛卯詔天下郡縣並建學校以作養士

額定在京府學生員六十人在外府學四十人州學三十人縣學二十人日給廩膳聽於民間選補仍免其家差徭二丁八年立社學十六年奏准天下府州縣學自明年爲始歲貢生員各一人二十年令增廣生員不拘額數正統元年令生員名缺許本處官員軍民之家及社學俊秀無過犯子弟選補六年令府學一年貢一人州學三年貢二人縣學二年貢一人遂爲定例十二年奏准令生員常額之外軍民子弟願入學者提調教官考選俊秀待補增廣名缺一體考送應試成化三年令

衛學四衛以上軍生八十八三衛以上軍生六十八二
衛一衛軍生四十八不及者不拘有司儒學軍生二十
人正德十年奏准都司衛所學原定一年一貢者與設
廩膳增廣生員各四十名原定三年二貢者與設廩膳
增廣生員各三十名原定二年一貢者與設廩膳增廣
生員各二十名通行提學官考補以後於廩膳內照例
考選充貢有多餘者俱作附學不堪者不必取足萬曆
十一年題准各提學每歲考校入學務要不失原額間
有他故巡歷不周次年即行如數補足其地方果係科

目數多就試人衆則於定額之外量加數名但不許倍於原數如乏才之處亦毋得因而一槩取盈

皇清初考試童生進學不拘額數順治四年定每考童生大學進四十人中學二十五人小學十二人十七年定大學進十五人中學十人小學五人武學如之十八年定科歲兩考歸併一考康熙元年停貢二年以策論考試七年停止策論仍復八股八年復歲貢定府學一年貢一人州學三年二人縣學二年一人九年督學道董朱衮請於部定中學進十二人小學八人十年復恩拔

副榜等貢府選拔二人州縣一人十二年復三年内歲科兩考進文童二次武童一次恩拔貢生間舉行

大學府城東舊在府治前宋紹熙中建元大德中地震傾圮明洪武初知府徐鐸重建宣德間知府萬觀成化間知府姜德政胡睿繼修弘治間知府張文佐改創殿廡堂齋書樓號舍餘悉如制正德間知府閔槐瓶名宦祠並學倉二所今廢嘉靖間知府孫濬移建于此增飭規度萬曆間知府張修吉李從心相繼增修

國朝康熙三十四年地震塌毁

上發帑金　遣官督同知府王輔重建

先師殿五間

東廡十二間

西廡十二間

啓聖祠三間大成殿後西北隅

名宦祠三間啓聖祠東祀 周 郤犨 叔向 漢 韓信 曹參 季布

田延年 杜詩 晉 李重 西魏 韋孝寬 後魏 柳崇 北齊 封子繪

唐 郭子儀 房琯 馬燧 李晟 王式 齊澣 李愬 蕭志忠 柳公綽 宋

趙向 程師孟 寬 杜衍 禰遜 尹洙 金 胥鼎 李革 楊伯雄 張浩

元 張德輝 鄭鼎 靳用 王惲 徐虔 明 楊睿 胡睿 張文佐 閔槐 林國相

樊瑩 聶豹 許維新 萬一本 王喬棟

國朝 申朝紀 范印心

鄉賢祠三間啓聖祠西祀 周 卜偃 畢萬 史蘇 師曠 師服 趙衰

士蔿　解揚　魏絳　公孫杵臼　百里奚
先軫　師曠　程嬰　宮之奇　叚干木
藺相如　漢　衛青　司馬遷　尹翁歸　關羽
廉頗　霍去病　霍光　張敞
晉　韋忠　王凝　薛仁貴　趙寬　裴度
李炬　唐　張亙素　裴行儉　張廵　陽城
柳宗元　邢昺　侯師聖　元　閻世傑
司空圖　宋　孫復　喬嵏
張昌　薛瑄　張潤　李尚忠　曹于汴
明　周麟　康大爵　亢思謙　朱知鰲　桑拱陽

國朝

戟門三間　泮池櫺星門外　櫺星門三間

文昌祠　文廟東地震毀

魁星樓　泮池西南隅舊在文昌祠東南隅康熙三十四年地震毀鎮守總兵毛來鳳移建

明倫堂五間

東齋三間

西齋三間

神厨廢

神庫廢

尊經閣明倫堂後地震毁

敬一亭地震毁

更衣亭三間戟門外東

宰牲所三間戟門外西

射圃　府治南小分司前弘治間知府張文佐置臨汾縣民鄭旺地淑建今廢

教授宅　文廟東

訓導宅　文廟東

社學　府治崇道坊洪武八年勅天下府州縣各建社學始制此即古之鄉學也今廢

義學

學田　舊有今無

飲射

晉山書院　府治東北蓮花池舊在治東元泰定間邑人石彦明建爲義學後改爲録事司明洪武初改爲縣學永樂初改縣治弘治三年知府杜忠復建於此嘉靖三十四年知府王楠改三太守祠

國朝康熙十年知府劉儀恕重建三十四年地震毀

考院舊在知京倉東提學王三才創建有記後改提督府移建於鼓樓東南舊交城王府

國朝康熙三十四年地震毀知府王輔重建四十六年知府劉棨增拓舊制內外重修

廟祀考

明太祖循前代之舊孔子封大成至聖文宣王南向四

配東西向稍前十哲稍後皆於廟中封公爵從祀諸賢

列東西廡凡百有五人皆封侯伯顔子兗國復聖公曾

子郕國宗聖公子思子沂國述聖公孟子鄒國亞聖公

是爲四配費公閔損薛公冉雍黎公端木賜衛公仲由

魏公卜商鄆公冉耕齊公宰予徐公冉求吳公言偃陳
公顓孫師是爲十哲兩廡東金鄉侯澹臺滅明任城侯
原憲汶陽侯南宫适萊蕪侯曾點須昌侯商瞿平輿侯
漆雕開雎陽侯司馬耕平陰侯有若東阿侯巫馬施陽
穀侯顔辛上蔡侯曹卹枝江侯公孫龍馮翊侯秦商雷
澤侯顔高上邽侯壤駟赤成紀侯石作蜀鉅平侯公夏
首膠東侯后處濟陽侯奚容蒧富陽侯顔祖滏陽侯句
井疆鄄城侯秦祖武城侯縣成即墨侯公祖句茲汧源
侯顔伋宛句侯顔之僕建城侯樂欬堂邑侯顔何林慮

侯狄黑郓成侯孔忠徐成侯公西箴臨濮侯施之常華
亭侯秦非文登侯申棖濟陰侯顏噲泗水侯孔鯉蘭陵
伯荀况睢陽伯榖梁赤萊蕪伯高堂生樂壽伯毛萇彭
城伯劉向中牟伯鄭衆侯氏伯杜子春艮鄉伯盧植司
空王肅司徒杜預昌黎伯韓愈豫國公程灝新安伯邵
雍温國公司馬光建寧伯胡安國華陽伯張栻魏國公
許衡凡五十三人西則單父侯宓不齊高密侯公冶長
北海侯公晳哀曲阜侯顏無繇共城侯高柴壽張侯公
伯寮益都侯樊須鉅野侯公西赤千乘侯梁鱣臨沂侯

冉孺沭陽侯伯虔諸城侯冉季高宛侯漆雕徒父濮陽侯漆雕哆鄒平侯商澤當陽侯任不齊牟平侯公良孺新息侯秦冉梁父侯公肩定聊城侯鄡單祈鄉侯罕父黑緇川侯申黨厭次侯榮旂南華侯左人郢朐山侯鄭國樂平侯原亢胙城侯廉潔博平侯叔仲會高唐侯邽巽臨朐侯公西輿如內黃侯蘧伯玉長山侯林放南頓侯陳亢陽平侯琴張博昌侯步叔乘中都伯左丘明臨淄伯公羊高乘氏伯伏勝　伯楊雄考城伯戴聖曲阜伯孔安國岐陽伯賈逵扶風伯馬融高密伯鄭佐任

城伯何休偃師伯王弼新野伯范甯道國公周敦頤洛
國公程頤郿伯張載徽國公朱熹開封伯呂祖謙凡五
十二人其始祀京師國學及曲阜廟而已十年命天下
通祀之學宮二十九年從行人司副楊砥之言罷楊雄
進董仲舒永樂八年進祀元吳澄追封臨川郡公正統
二年進祀宋儒胡安國蔡沈真德秀成化元年加封仲
舒廣川伯安國建寧伯沈崇安伯德秀浦城伯其年有
請以楊時從祀者下禮部命翰林議大學士李賢侍講
學士劉定之等議有宋周程朱三大儒闡道之後斯文

有傳興起者衆自非識足明至理於毫釐行足希往聖之踵武功足爲遺經之羽翼弗得與於聖門俎豆之典如時早入程子之户庭後啓朱子之統緒信爲學者所仰但其論西銘也程子謂未釋然其解中庸也朱子多辨其非真至應蔡京之召無大建明學術出處尚有可議若夫釋經之言雖間見語孟然未若胡安國之傳春秋蔡沈之傳尚書其功爲多況同游程門有優於時者曰呂大臨曰游酢啓教朱子有親於時者曰羅從彦曰李侗諸儒既皆不與楊時似難獨入請命有司時祀其

鄉制曰可乃立祠延平以羅從彥李侗配弘治八年祭
酒謝鐸言楊時伊洛正傳遠承孟氏雖晚年一出不究
所施而力闢新經足衛吾道下廷議可乃進時從祀追
封將樂伯嘉靖九年輔臣張璁以正孔子祀典爲請上
大悅著孔子祀典録以示群臣璁所請正祀典凡五事
一曰孔子不宜封王二曰不宜設像三曰不宜十二籩
豆樂八佾四曰不宜庭祀顔路曾點孔鯉五曰兩廡諸
賢宜更正複謬而以蔡元定蔡沈父也其著書有律吕
新書皇極指要洪範解大衍詳說諸篇朱熹疏經修史

皆與參訂徃復啓蒙一書雅所屬草歐陽修著本經論有衛道功其學實繼韓愈推孟子以達孔氏元定修宜從祀行人司正薛侃亦言宋儒陸九淵學繼伊洛惟早歲與朱熹異論朱氏弟子遂擯爲禅夫士何常入門歸求聖賢之道耳臣謂九淵宜從祀皆下禮部集議古者帝王繼天立極君師一道世至春秋君教叓夷孔子推明王道以身淑人乃專名師傳曰能自得師者王師尊矣請命天下學宫皆易孔子像以主稱至聖先師廟曰先師之廟四配皆稱子十哲以下稱先賢某子左丘明

以下稱先儒某子春秋祭祀國學十籩十豆府州縣八籩八豆樂舞用六佾一如國初制別爲叔梁紇立祠稱啓聖公孔氏以顔無繇曾點孔鯉孟孫氏配而程珦朱松蔡元定從祀焉啓聖公牲帛籩豆視四配四配視十哲三氏視兩廡改申棖申黨爲一公伯寮秦冉顔何荀況戴聖劉向賈逵馬融何休王肅杜預吳澄皆罷祀林放蘧伯玉鄭衆盧植鄭玄伯虔范甯各祀其鄉增祀后蒼王通歐陽修胡瑗陸九淵五儒詔曰可隆慶五年進
本朝薛文清瑄從祀萬曆十二年進布衣胡居仁翰林

簡討陳獻章新建伯王文成守仁從祀二十年從湖廣
巡撫都御史郭惟賢議進祀周敦頤之父輔成於啓聖
祠四十一年從福建提學副使熊尚文請進祀宋儒羅
從彦李侗云
啓聖祠祀孔子父啓聖公叔梁紇也配享從祀凡八人歲
二祭與釋奠同日祭儀亦如之其祀文云維公誕生至
聖爲萬世王者師功德顯著今兹仲春秋謹以牲帛醴齊
粢盛庶品用申常祭以先賢顏氏曾氏孔氏孟孫氏配
尚饗啓聖公舊無祭元至順間封齊國公明嘉靖九年

議以齊國公無祭爲闕典又顔曾二子坐堂上而顔之
父路曾之父點在廡下孔鯉與孟孫氏亦無祭俱於義
未當乃請欽定啓聖公祠中祀啓聖公叔梁紇配以顔
路曾點孔鯉孟孫氏而以程灝父珦朱熹父松蔡沈父
元定從祀萬曆二十四年復進周敦頤父輔成從祀位
在程珦之上遂爲定制云

平陽文廟祭器樂器儀注碑記

康熙甲申冬余承乏平郡初謁
聖廟見學宫當地震之後俱係新建規模整飭而木主已

朽壞明年春丁祭見器數不備牲不肥牖樂舞生竟以
僧道充之余愁然懼曰如此大典何苟簡若是也于是
飭梓人更木主詢諸生知樂舞生向爲曲阜學録所勒
索視爲畏途乃懸示召選近邑子弟若干名不役其身
願應童子試者准免郡縣考徑送院優其禮衣冠與博
士弟子員等犯科州縣官非詳請褫革不得加刑聞安
邑學肄禮生傳自曲阜顔氏延致郡廪給胥數月是秋
祭乃稍有次第丁亥冬曲阜東塘孔先生過郡余喜甚
先生固

聖天子幸魯以博士起家者辨黄鐘善音律闕里之樂悉
先生所考訂纂修闕里志著爲成書若干卷鐫梓行世
于是召肄禮生至學先生教之半月登降有度進退有
序歌有律舞有節著徉餙歸聲容美備又請先生畫圖
象命冶人範金陶人制壎匏人進笙工作柷敔以累黍
合笙竽以宫商配琴瑟鎛虡籩豆簠簋爵斝之屬一遵
古制越明年春祭鐘鼓在堂笙磬在下始穆然成禮而
退平陽人士于是乎知禮夫孔子之祀祭器樂器一切
禮制定之朝廷頒之天下行之各郡邑垂之千百世載

在祀典何煩更賛然人有變更物有成毁余恐後之守此土者視爲具文而因循苟簡復似疇昔則不倫不備禮樂必至廢棄不獨負東塘先生之教亦委聖人於草莽也故特敬鐫之石以屬後之君子器有毁敗者則易之禮　樂人闕則補之老則更之務求美備不致靡墜吾知凡有名教之責者尊聖人重學校自有同志不負丁寧且使他日平陽士子傳爲美談知晋之禮樂自闕里孔氏來也用載儀注禮樂器於後平陽府知府劉棨記

祭器

焚香鼎十座　著尊八　罍洗八　盥盆八　彝二　簠二十七　簋二十七

鉶二十七　銅斝二　爵銅十九錫十五　簠簋　籩　豆木漆二百　海尊

大香爐　小香爐生鐵十四　大燭臺　中燭臺　小燭臺生鐵

一對

祭品

香　降香一炷　爐香五觔　末香五觔　線香十五觔　燭　香油四十觔

黃蠟十四觔　酒　糯米一石八斗　麯四十觔　羊四十隻　豕十隻　鹿一隻　兔二十

隻　帛九段正位用綾餘用絹練白色長一丈八尺　大羹　實於登　和羹

實於鉶　黍米二斗　稷米二斗　以上實於簠　稻米五斗　粱

米五斗以上實於簋　鉶鹽十觔　膏魚八尾　棗五斗　栗五升　榛一斗五升

菱五升　芡五升　鹿脯　以上實於籩　韭菹十五觔　菁菹十五觔

芹菹十五觔　筍菹十五觔　醓醢　鹿醢　兎醢　魚醢　以

上實於豆

樂器　康熙三十四年地震毀壞四十五年知府劉棨置

麾　幡二　柷一　敔一　編鐘十六　編磬十六　琴六　瑟六　笙六　塤二

篪二　鳳簫六　洞簫六　龍笛六　應鼓二　拊鼓二　鎛鐘一懸

鼓一

舞器

旌節二　籥翟三十六

佾數

唐樂用宮縣舞用六佾明初用六佾成化十三年增爲八佾嘉靖九年仍爲六佾

國朝康熙二十六年仍用六佾引樂麾旛二人樂生四十八人引樂旌節二人舞生四十八人

殿設

傘一柄　宮燈一對

祭儀

宋徽宗賜禮品一副內十籩十豆明洪武十五年頒釋
奠儀府用籩豆各八成化十三年以禮部尚書周洪謨
奏加籩豆府各十嘉靖九年遵照初制每春秋二仲上
丁之日屆期本府先一日詣學省牲次早五鼓引賛生
導正獻官及各官就位行禮凡三獻其祀文云維某年
月日某官某敢昭告於至聖先師孔子惟先師德配天
地道冠古今刪述六經垂憲萬世今茲仲春秋謹以牲帛
醴齊粢盛庶品式陳明薦以復聖顏子宗聖曾子述聖
子思子亞聖孟子配尚饗每祭先師用帛一牛一豕一

爵三登一鉶二簠二簋二籩八豆八四配共用牢一豕一各帛一爵三登一鉶二簠一簋一籩豆各六十哲共用帛二豕二各爵一鉶一簠一簋一籩豆各四每廡共用帛一豕一籩四豆四簠一簋一酒尊一

迎神　樂奏咸和之曲

大哉宣聖　道德尊崇　維持王化　斯民是宗

典祀有常　精純並隆　神其來格　於昭聖容

舞圖　初獻

自生民來　誰底其盛　惟師神明　度越前聖

粢帛具成　禮容斯稱　黍稷非馨　惟神之聽

亞獻

大哉聖師　實天生德　作樂以崇　時祀無斁

清酤惟馨　嘉牲孔碩　薦羞神明　庶幾昭格

終獻

百王宗師　生民物軌　瞻之洋洋　神其寧止

酌彼金罍　惟清且旨　登獻惟三　於嘻成禮

徹饌　樂奏咸和之曲

犧象在前　豆籩在列　以享以薦　旣芬旣潔

禮成樂備　人和神悅　祭則受福　率尊無越

送神　樂奏咸和之曲

有嚴學官　四方來崇　恪恭祀事　威儀雝雝

歆兹惟馨　神馭還復　明禋斯畢　咸膺百福

大臨汾縣學縣治西舊在城外北坂下燬于兵有司徙置城中以晉山書院改建明洪武十一年知府徐鐸復以元季察罕帖木兒祠堂改建宣德間知縣袁衡弘治間知縣馬龍李伸嘉靖九年知縣袁淮董珊趙統相繼重修

國朝康熙三十四年地震傾圮

上發帑金　遣員外倭倫督同知縣彭希孔重建

先師殿五間　東西廡各十二間

啓聖祠三間 明倫堂東

名宦祠三間 戟門外東祀 明 丁憲 蕭部 徐虎 林國相 王榮誥 許維新 萬一本 王喬棟

國朝 申朝紀 范印心

鄉賢祠三間 戟門外西祀 漢 衛青 霍光 尹翁歸 霍去病 胡建 張敞

晉 李矩 唐 柴紹 敬暉 宋 孫復 元 關世傑 王士元 喬燮

明 張昌 周麟 張潤 亢思謙 桑拱陽 亢孟檜

國朝 孫養志 蔣有德 王永命

文昌祠三間 櫺星門西 魁星樓 明倫堂後地震毀

魁星樓庠門外

明倫堂五間正殿後　東西齋各五間進德　修業

尊經閣三間明倫堂後祀文昌于閣上　射圃學東知縣高騰建今廢

教諭宅明倫堂西明末兵燬順治十八年教諭朱萬壽重建　訓導宅

社學二一在馮村鎮一在孫吉鎮今廢

三鳳書院縣后土祠東明弘治五年知縣高騰創建今廢

大寧書院縣東北明嘉靖二十五年知縣侯祁創建後改按察司今廢

大猗氏縣學縣治東金承安二年建明洪武三年修嘉靖三十四年地震圮三十五年知縣韓永春重建萬曆九年知縣賈一鶚二十年知縣李景登各增修天啓三年邑紳喬應甲增修

國朝順治十五年生員荆可樾以捐貲修學入成均康熙九年署印聞喜縣丞董國政教諭竇復仲倡闔學修飭康熙十九年舉人王巖楨重修兩廡魁文閣名宦祠

先師殿五間　東西廡各十五間內東廡南二間爲神廚庫西廡南二間爲祭酒庫後改爲土地祠今又以東廡北二間爲經籍庫

啓聖祠三間正殿東北明萬曆二十年知縣李景登三十三年署教諭胡韺各增修康熙三十二年訓導董筆重修

名宦祠三間戟門外左祀隋王隆　辛仲龕　唐李模　馬燧　金安得璋

元晁會　董輔卿　明徐誼　馬綸　齊君問　邢綸　何允升　陳經濟

鄉賢祠三間戟門外西舊以神廚所爲之後改建祀晉王蔚　王接　王愬期

晉賈混 賈模 鄧殷 鄧攸 南北朝賈淵 宋許翰

金王佐 元張著 張翥 續執中 吳著 賈敏夫 牛光祖 盧希古 靳柱

明鄭昌 王澍 劉迷 王進 王茂 嚴正 祝信 盧盛 党衢 崔矩

張璉 邢讓 柴良 劉顗 金全 王瑄 李遇春 金舜臣 邢霖 李蕃

王應吉 李弘道 高邦佐 梁一龍

國朝王維屏

文昌祠三間正殿東北隅 魁星樓廢

明倫堂五間正殿後 東西齋各七間正心 誠意 今俱廢

尊經閣 敬一亭東廡 敬一亭 明倫堂後廡 射圃 魁星閣西廡

教諭宅 明倫堂東康熙間教諭康體元張寅重修 **訓導宅** 明倫堂西訓導高尚志重修

社學 各里俱置間多廢圮今京安鎮趙曲鎮西鄧户西王西徐各有 先師廟

學田 水田三十畝坐落縣西南嘉靖間知縣宋之韓置 夏秋收租爲課士之需

姑汾書院 明弘治間知縣張文佐學內所搆講堂號含大學 今廢

洪洞縣 縣治東北舊在縣後元至元三年建大德六年地震陷縣尹孫翥重建十年主簿劉履景祥各增修明洪武二年知縣楊茂成化正德間知縣焦舉馬馴繼修嘉靖元年知縣浦鋐改建于此萬曆十年知縣喬因羽增修 國朝順治十年知縣趙三長修

先師殿五間 東西廡二十三間

啓聖祠三間 在先師殿東康熙三十四年地震毀四十六年知縣陳兆業重建

名宦祠三間　戟門外東康熙三十四年地震毀三十六年知縣李宣重建祀　周　羊舌肹

宋　李周　金　劉徽柔　元　郭琪　明　王彧　邢昭　楊光澤　浦鋐　昝如思　李禎宁　喬因羽

鄉賢祠三間　戟門外西康熙三十四年地震毀知縣李宣重建祀　周　師曠　漢　郅都　元　孫柳　明　衛英　李杲　劉廷臣　韓廷偉　韓文　許翀鳳　韓續祖　晉應槐　劉守仁　晉朝臣　劉承光　劉應時

國朝　陰承緒　楊學震

文昌閣　泗州寺後高阜上與文廟相對　魁星閣　儒學門外知縣喬因羽建

文星樓　郎城東門樓偏闗同知康正吉詳請改建

明倫堂五間　東西齋各五間日新　時習

敬一亭啓聖祠後康熙三十四年地震毀四十六年知縣陳兆業重建

尊經閣明倫堂後　東西號舍各五間明倫堂後

教諭宅明倫堂東　訓導宅明倫堂西　射圃三間先師殿西北

麗澤書院縣治東北隅即泗州寺嘉靖十三年分守道參議吳廷翰改建

相觀書院縣治東北鐘樓後即千佛寺參議吳廷翰改建

社學凡七一三真關街北關廟東一警晨街正東關廟後一縣治西北城隍廟西一安流門內大路東一迎薰門內南城下祆神廟內一拱汾門裏太歲廟內一望霍門外街東

學田地二十八畝八分五釐租粟廪生貧士均分　董寺村地四十二畝每年收米麥租十七石七斗貧

士均分邑人范鄗鼎置

講學書院儒學東南隅康熙二十年知縣朱彝建共十六間爲講習地置水田十畝延師以資館穀邑人楊義碑記知縣李宜重修

小浮山縣縣治西元至元中建大德間修明洪武二年縣學丞徐秉彝增修正統成化間知縣李安李鼐嘉靖二年典史何繼達萬曆間知縣左桐張檢躬相繼增修

國朝順治間知縣李景楝楊名世重修

先師殿五間　東西廡各十間

啓聖祠三間　敬一亭後

名宦祠三間　正殿東　王倫　祀明　羅端

鄉賢祠三間正殿西祀晉系維翰宋邢昺明韓昭永
陳孜

文昌閣三間儒學前東魁星樓正殿西北地震毀

明倫堂五間正殿後東西齋各五間今廢

敬一亭三間明倫堂後尊經閣廢訓導宅敬一亭西

社學西門內

中
趙城縣學縣治西南元至正間建明洪武七年縣丞婁文質修正統間知縣何子聰萬曆間知縣張鑑張汝鈺郭峻相繼增修
國朝順治十六年知縣安錫祚康熙四十四年知縣徐容各重修

先師殿五間　東西廡各十間

啓聖祠三間　文廟東北

名宦祠二間　戟門東祀　周　造父　尹鐸　豫讓　唐　馬燧

宋　宗澤　孫固　元　莊欽祖　明　何子聰　向明　楊璜　凌文質　黃直　張傑

國朝　泰嘉兆

鄉賢祠二間　戟門西祀　周　藺相如　漢　紀信　郅惲　元　徐毅

明　賀貫　劉環　王應豫　李柱　閆承寵

國朝　湯家相

文昌祠　文廟東北隅康熙四十六年知縣徐容並教諭王之瑞建共城外東南隅係文昌高閣順治十

六年知縣安錫祚建魁星樓門外櫺星

明倫堂三間正殿後明嘉靖七年河東道叅議陳時明僉事宋欽委知縣連悅之建知縣邢倫落成東西齋各五間修德　凝道

尊經閣明倫堂後敬一亭一間尊經閣下

教諭宅明倫堂後東訓導宅明倫堂後西

學田水地三十畝平地二畝六分中坡地十六畝四分俱坐落永楊村水地陡口係于村

國朝順治二年知縣秦兆嘉置每年租穀十石二斗變銀納粮外給散廩生貧士

養廉倉明萬曆間巡按御史趙文炳捐銀五十兩崇禎末邑紳閻承寵續捐銀五十兩共銀一百兩每年取利闔學均分

中學 太平縣 縣治西北元至元八年主簿任與嗣重修至正十八年燬于賊十九年達魯花赤安童復建二十年縣尹馮衡增修明洪武七年縣丞毛煜十七年知縣沈士廉景泰間知縣岳嵩弘治間知縣尹琭正德間知縣盛琛萬曆三年知縣武成相繼增修

國朝順治初兵變焚毀殆半十五年知縣盧易重修康熙十七年知縣吳軫增修二十八年知縣趙心怵增修三十八年知縣李清鎧教諭王之瑞四十年教諭牛敬修相繼重修

先師殿五間　東西廡各九間

啓聖祠　舊在正殿東南嘉靖間知縣劉廷芝改建於殿後萬曆初知縣武成建尊經閣移祠于東北

名宦祠　戟門東祀後魏郭文恭　元郝信臣　明袁景　尹琭

耿偹　武成

羅潮　魏公韓

鄉賢祠戟門西祀周荀息　趙衰　韓厥　董狐　程嬰　公孫杵臼　李牧　漢周勃　周亞夫　唐毛若虛　明毛俊　李鉞　王體復　韓智　楊天民　張鮄化

尊經閣正殿後　講堂三間尊經閣西

文昌祠文廟東康熙三十八年知縣李清鎧教諭王之瑞四十年教諭牛敬修重建

明倫堂五間　東西齋各六間　敬一亭三間明倫堂後

教諭宅敬一亭西康熙四十年教諭牛敬修增修　訓導宅教諭宅南康熙二十八年知縣趙心忭創建

射圃亭學門外西今廢存圃地　學倉今廢

學田原係趙李將軍墓旁地六十二畝三分五釐零唐鄭王墓旁地三十畝九分二釐零明萬曆七年知

縣黄榜申請撥入學田共地九十三畆二分七釐零每年徵租銀九兩三錢二分八釐零

小學岳陽縣縣治西元延祐三年縣尹郭澍主簿糜嗣祖建學明洪武十五年知縣金銘增修天順間知縣王用戓化間知縣岳讓正德間知縣元思永萬曆間知縣王恊夔

國朝順治十二年知縣郭奇勲十七年知縣袁一誠康熙八年知縣李丕先二十九年知縣盧振先相繼增修

先師殿五間　東西廡各七間

啓聖祠明倫堂西北

名宦祠三間戟門東祀宋李宴元按攤不花明姚顯元永思任繼宗李應奇周晃

鄉賢祠三間戟門西祀周郤茜藺相如何新明常執禮周冀缺

張瑩　趙廷侲　張志和

李巽　任繼美

文昌祠　康熙二十四年知縣趙時可重修

明倫堂三間　文廟後　東西廡　博文　約禮　敬一亭　今廢

尊經閣三間　明倫堂後　射圃　今廢

訓導宅　敬一亭北

義學

學田

大曲沃縣　縣治西舊在東南宋慶曆間縣尹孫民先建金

學　皇統泰和間縣尹宋珉張暈修後以兵火廢元

大德四年縣尹完顏從塘主簿賈天衢王德寧改建于

東北七年地震傾圮縣尹趙英重建至正間縣尹閻得

中修明洪武天順成化間知縣朱武王聰劉璣相繼增
修正德隆慶間知縣侯秩楊時寧萬曆間知縣何出光
蒯謙各增修崇禎元年知縣張文光
國朝順治十四年知縣劉國禎重修康熙十六年知縣周
鉞四十年知縣潘錦各增修

先師殿五間 東西廡各十五間

啓聖祠三間 正殿西

名宦祠 禮門劉璣 侯秩 楚書 陰秉暘
東祀明何鳴講 李進 岳倫 劉孝
何出光 周士樸
趙彥復 張文光

鄉賢祠 禮門荀息 李謙亨 劉尚質 佽敬
西祀周里克 元靳榮 明郝修巳
曹端 趙鐸 李進 李浩 李鏞
耿純 耿文膺 因綱 邢虎 李廷寶

李明性　李尚思　李　因　杜　李　備　李齊沆
李　鈞　呂乾健　李日照　許永禧　張國光

國朝衛根陽　衛嘉孚　賈承信　劉三傑　李永祥
賈生芝　衛嘉遇　衛周循　賈漢復　衛周祚

仇昌祚

文昌閣文廟東　泮池舊池水來自溫泉鑿城開渠循縣治而西注入今廢

明倫堂三間　東西齋各五間進德　修業

敬一亭啓聖祠後嘉靖六年知縣潘汝壽建內立明御製敬一箴及註釋宋儒四箴康熙四十一年立

今

上御製訓飭士子文碑　弘道亭明倫堂後

教諭宅堂後　訓導宅堂東　射圃正殿西

義學在文昌閣後順治十六年邑人賈生芝建又在城孝字約弟字約各一㸔城侯馬臨口東關驛橋八

頃北趙村各一康熙四十年廵撫噶　撤建舊村一康
熙四十三年知縣潘錦建
學田共地二百七十五畝二分零每畝徵銀七分六釐
零共徵銀二十兩九錢三分有奇奉　文量給廪
生貧士

大翼城縣　縣治西門內舊在南後唐長興三年建宋天聖
學八年縣令文彥博改建于此金天會間縣尹杜
德機元至元間縣尹趙思忠劉源黎城主簿沙班敬昇
俱增修明洪武五年縣丞薛大助增修天順間知縣王
班弘治間知縣張忠萬曆間知縣張儒秀各增修
國朝順治十四年知縣胡獻瑾重修康熙五年知縣鄭之
衛四十年知縣馬文鏞俱增修

先師殿五間　東西廡各十五間
啓聖祠三間　正殿後西北

名宦祠 唐張懷器 後周程光遠 宋向宗
孫九鼎 元楊宜 李諒 王珏 王利
金楊時 元 明薛大昉 張琹 劉光遠
單訥 李士淳
李嵩 趙堪

鄉賢祠 周欒成 後魏張天生 唐尹知章 宋張會元
欒枝
元屈繼平 張遵信 高翀 王錫 戴麟
郭狗狗 明楊守則 劉平 劉元真 王泰
周禮 張恕 吳夢麟 劉志 高登明
王松 鄭威 劉珊 王熙 史學遷
符棐
陳嘉謨
國朝上官薦 王親臣 王廷諫 上官鉝
上官璧 周春元 上官鑑

唐侯祠 祀周叔虞始封於唐即翼城 潞公祠 在啓聖祠東祀宋縣令文彥博 單侯祠

祀明知縣單訥

明倫堂三間正殿後　東西齋各五間日新時習

尊經閣明倫堂後內祀文昌魁星

教諭宅明倫堂西　訓導宅明倫堂西南　射圃　學倉訓導署西今廢

學田南河下小水地四十三畝給與廩生收租各鄉平坡地一百六十畝本縣收租分給廩生洪武間奉

旨開設

翔山書院城東北隅明知縣李士淳建　扶風書院城西門外知縣馬文鑣建內立

御製榴花詩碑

小學汾西縣縣治西元至正十八年縣尹梁濟建明洪武八年知縣洪彥昇修成化正德間知縣楊鏊張大

成萬曆間知縣孫延鄉毛烱各增修
國朝順治十四年知縣李色蔚教諭王俊民典史薛宗孔
重修康熙十三年知縣蔣鳴龍續修

先師殿五間　東西廡各九間

啓聖祠文廟西北

名宦祠戟門外東明洪彥昇　黄甲　張爾維　明路欽　毛烱

鄉賢祠戟門外西元辛邦彥　元傳巖起

文昌祠舊在大成門東南後改東城知縣蔣鳴龍增修　魁星樓文廟東南

明倫堂三間　東西齋各三間　進德　修業　敬一亭

中學靈石縣縣治西南元大德十一年縣尹韓敦武建明洪武十六年知縣李尚文修景泰間知縣范寧增

修正德間燬於寇知縣孫璲重修萬曆三年山水入城浸漂磚木知縣白夏重修崇禎九年知縣趙一龍復修

國朝順治初燬於兵火知縣趙希普李廣生各加修葺康熙八年訓導孫進修增修

先師殿三間　東西廡各九間

啓聖祠明倫堂東

名宦祠戟門東祀元韓敦武楊文選明种奎王植張永清

鄉賢祠戟門西祀周介之推宋師範元喬世綱明裴泰吳珉李威劉憲王寵張寶

文昌閣在縣東門外翠峰山巔　魁星樓學宮東南隅

明倫堂三間正德後康熙三十七年知縣郎國楨改建　東西齋三間知縣郎國楨改

建敬一亭（明倫堂北）尊經閣（敬一堂後）射圃（教諭宅後今廢址存）會講堂（教諭宅前今廢址存）

教諭宅（堂西）訓導宅（堂西）

學田（沙灘水平地共一百九十一畝一分零該粮一石八斗三升零又八十二畝二分零該粮六石七斗二升零折銀六兩七錢七分三釐零）

靜昇村文廟（在縣東北十里元至正二年知縣冉大年率鄉民南塘等建殿廡門亭如縣學制）

康熙間鄉民王斗星捐修

小蒲縣學（舊在縣治西元大德元年建明洪武二十一年知縣潘從善增修天順間叅政楊瓚萬曆六年知縣毛一鳳各增修天啓四年知縣羅永新改建城中察院之墟）

先師殿五間　東西廡各九間

啓聖祠三間正殿東北隅

名宦祠泮池東明韓超然今廢祀

鄉賢祠泮池西今廢

文昌祠文廟西南隅

明倫堂五間正殿後　東西齋各三間博文　約禮　敬一亭

正殿西北隅今廢

訓導宅堂西久毀

大
學
蒲州舊在古城內元初遷州治東南明洪武間同知趙櫄重建宣德七年知州劉儀正統十二年知州張

廉天順四年知州徐孚成化五年知州張本濟弘治八年知州許鵬相繼增修嘉靖三十三年知州陳應和重修三十四年冬地震傾圮三十六年分守參議王之誥知州邊像復建四十二年知州張佳徿萬曆二十六年知州郜元杜三十五年分守參政喬學詩知州張羽翔崇禎十一年分守道李一鰲皆重修

國朝順治十六年知州馬翰如康熙二年知州侯康民三十七年守道吳自肅知州李六成重修

先師殿五間　東西廡各十三間

啓聖祠三間　戟門外東南偏康熙三十七年學正張希載重葺

名宦祠七間　戟門外東祀

漢　季布　田延年　蕭咸　黃霸　周堪　鄧禹　杜詩　劉祐　杜畿　史弼　王邑

晉　王濬　路述

後魏　薛善　元淑

隋　楊弘　堯君素　楊尚希

唐　李琛　蔣儼　韋安石　杜楚客　徐弘敏　徐洪

李尚隱　裴寬　顏真卿　郭子儀　杜黃裳
姜師度　陸象先　齊澣　李光弼　王起
宋 范仲淹　蔣堂　趙尚寬　李周　孫載　金
范純仁　錢㬊　晁補之　朱壽昌　郝仲連
賈少冲　李愈　把胡魯　康錫　元
張萬公　完顏伯嘉　傒小叔　完顏草火訛可
劉天孚　靳克忠　明 康茂才　邵童　張廉
八扎海牙　徐政　曹端　胡昂
呂經　宋訓　畢自嚴
張佳脩　陳廉

鄉賢祠七間 戟門外 周 段干木　姚平　司馬遷
西祀 漢 義縱　暴勝之
胡建　晉 張華　北魏 敬珍　薛端　隋 薛濬
皇甫遐　後周 陳孝意
王通　敬肅　張文詡　唐 呂子臧　薛仁貴
趙綽　薛世雄　敬播　羅道宗
薛稷　張嘉貞　張延賞　裴冕　馬存亮
柳範　柳澤　呂諲　樊宗師　胡証

薛逢　司空圖　姚棲雲　栁芳　盧操
趙臣　薛顏　姚宗明　薛珏
宋
栁開　侯仲良　強伸　田世英　段元亨
李興
金
龐整　李獻甫　王廷筠
陳元凱　王恩　薛瑄　薛魯　謝瑀
元
裴居敬
明
張福　謝伯榮　馮祥
衛述　楊通　景佐　魏秀　郭震
楊瑩　劉溱　秦昂　薛价　張侃
史魯　景溱　楊贍　楊博　王崇古
楊守禮　王珂　姒昂　王輪　張四維
馮舜漢　楊俊彥　李成芬　楊俊民　張邦土
師儒　楊俊卿　韓楫　張廷柏　羅鳳翺
王謙　楊艮才　李鴻恩　郭城　孟桐
馮懋仁　王益　韓栴　楊俊臣　張燀
范宗鎮　孟時芳　楊宗業　張達　賈宗仁
張三聘　王之采　雷一鳳　韓爌
國朝
聶尚友　韓承宣

文昌閣　啓聖祠南魁星附閣內知州李六成增修

明倫堂五間　正殿後　東西齋十二間　明德　成德　崇德成造今廢

敬一亭　戟門外今廢　尊經閣　號房四十六間今廢　射圃　舊在櫺星門南今廢址存

月川祠　明倫堂左祀舊學正曹正夫先生

學正宅　正殿西明倫堂後學正張希載增修　訓導宅　正殿東訓導劉必遠增修

社學　舊置八十七所今廢

義學　城東門內關廟西館穀二十畝知州紀大昇建

祀田　養田　城北復安里即民壯教場共地二百八畝畫十八區一區三十五畝作祀田外九畝者十

二區十三畝者五區作養田此地不知何人耕種何人經理又以書院前後平原及坡溝空地三十三畝五分并本州附近八蜡廟接官廳空地三畝六分共地三十七畝內有書院南廢廟地五畝八分俱爲守院道人養田

首陽書院　州城西南隅元至元初州人王弘善建兵燬明弘治四年知州許鵬復建于宣化坊今廢

河中書院　州治東三里峩嵋原上南向舊爲東嶽祠明正德間吏科給事中呂經出爲州同改其祠爲書院扁以河中仍古郡也萬曆間守東道陳儒知州胡大壯重修

國朝康熙三年總督自秉貞按部至郡捐俸守道陳秉直知州侯康民各捐俸重修

濟南吳公書院　州治東南分守參議吳自肅置康熙四十六年知州朱曇重葺

崇實書院　知州李六成建有碑記

大臨晉縣學 縣治東元至元十年縣尹敦武校尉許榮建至正二年縣尹党若齊教諭孫景輿重修明洪武四年主簿葉士溫訓導孟思顏加葺成化十五年知縣毛鳳來嘉靖二年知縣丁守中增修三十四年地震圮知縣李世蕃復建萬曆十一年知縣趙岸十五年知縣吳崇禮二十八年知縣高惟岡天啓六年知縣秦懷慶各相繼增修

國朝順治十七年知縣孫宗元康熙三十八年知縣王光臯重修四十七年知縣徐炘增修

先師殿五間 東西廡各十一間

啓聖祠三間 儒學門內東訓導宅址舊在尊經閣東天啓六年知縣秦懷慶移置於此知縣孫宗元教諭吳光姬重修

名宦祠三間 泮池東祀唐張圓宋顏太初金晁會田世英

明毛鳳來　張舜臣　王毓陽　吳崇禮　閔自寅　孫佫　史邦直　趙岸　高惟岡

鄉賢祠三間泮池東祀晉王卓　唐裴寂　司空圖　金麻秉彝

元陳元凱　陳榮祖　荊州士　王畏佐　陳茂　明衛鈞　姚維新

國朝呂雲藻　謝掄

文昌閣鐘樓上康熙四十五年知縣徐炘教諭張瑄訓導牛慎修重修

魁星樓啓聖祠東南康熙四十年知縣王光阜教諭張瑄訓導賈若瑚建

明倫堂五間正殿後　東西齋各五間時書　日新

尊經閣三間明倫堂後　敬一亭尊經閣後　峩嵋山房三間在明倫堂後

射圃明倫堂西舊訓導宅址久廢康熙四十年新建于訓導宅東

教諭宅 舊在明倫堂東久廢康熙四十年教諭張瑄創建于明倫堂西 **訓導宅** 時習齋東訓導石博建賈若瑚牛慎修各增修

社學 城關村鎮俱有今廢 **王公祠** 啓聖祠後祀知縣王光阜

學田 八頃四十九畝零其始置年月并人無攷 又五姓湖灘奉上司帖文以後退地俱爲學田勒碑立明倫堂右

中

榮河縣學 縣治東南明洪武三年縣丞馬復禮因故址重建天順六年知縣李逢春弘治五年知縣高騰各增修嘉靖三十四年地震圮知縣係祁復建萬曆二十三年知縣王立本二十七年知縣梅煥各重修崇禎十一年邑紳李嵩重修正殿生員潘鴻志分修啓聖祠閤學生員仝修東西兩廡義民李成家重修戟門生員潘遐昌范三聘仝修名宦祠生員丁綿祚陸騰鳳仝修鄉賢祠邑紳郭中霄分修魁星樓

國朝順治十七年知縣張錫文康熙十一年知縣陳覲聖二十三年知縣趙國宣三十年知縣遲維垣四十二年知縣梅麥綎各增修四十四年教諭牛爲龍創立泮池花墻牌坊課士亭四十六年大成殿魁星樓踈漏頹廢知縣梅麥綎重修

先師殿五間　東西廡各七間

啓聖祠三間　正殿後東

名宦祠三間戟門東祀　隋薛　善　南北朝柳帶韋　金吳　鑄

明張　讓　畢自嚴

鄉賢祠三間戟門西祀　晉薛　端　後魏皇甫退　隋薛　濬　唐

薛　收　薛大鼎　蔡　瑄　李　棟　李　叅

薛元敬　薛存誠　明薛　侃　周有光

魁星樓庠門外

明倫堂五間正殿後東西齋各五間進德　修業

尊經閣三間明倫堂後祀文昌于閣上射圃學東知縣高騰建今廢

教諭宅明倫堂西明末兵燬順治十八年教諭朱萬壽重建訓導宅

社學二一在馮村鎮一在孫吉鎮今廢

三鳳書院縣后土祠東明弘治五年知縣高騰創建今廢

大寧書院縣東北明嘉靖二十五年知縣侯祁創建後改按察司今廢

大猗氏縣學縣治東金承安二年建明洪武三年修嘉靖三十四年地震圮三十五年知縣韓永春重建萬曆九年知縣賈一鶚二十年知縣李景登各增修天啓三年邑紳喬應甲增修

國朝順治十五年生員荆可樾以捐貲修學入成均康熙九年署印聞喜縣丞董國政教諭竇復伸倡闔學修飾康熙十九年舉人王巖楨重修兩廡魁文閣名宦祠

先師殿五間　東西廡各十五間內東廡南二間爲神廚庫西廡南二間爲祭酒庫後改爲土地祠今又以東廡北二間爲經籍庫

啓聖祠三間正殿東北明萬曆二十年知縣李景登三十三年署教諭胡顗各增修康熙三十二年訓導董筆重修

名宦祠三間戟門外左祀隋王隆　辛仲龕　唐李模　馬燧　金安得璋　晁會　明徐誼　齊君問　何允升　元董輔卿　明馬綸　邢綸　陳經濟

鄉賢祠三間戟門外西舊以神廚所爲之後改建祀晉王蔚　王愆期　王接

元魏令狐仕　樊遜　後周樊深　荆可
樊衞　樂遜

隋陳茂　唐張嘉貞　張弘靖　張介然　王縉　金
陳政　張延賞　封常清　王維

薛繼先　元趙翔　明何濟　何東序　荆州俊
薛純孝　王庭祥　何尚德　荆琨　喬繼宗

喬梓　王春楨　張應徵　王巖楨
王國瑚　衞廉　張士俊

國朝王含弘　荆可標　王道亨　荆世爵　邵嗣堯
荆可立　王艮卿　郭銓　陳基命　陳毓秀
陳國泰　王含真

魁文閣　櫺星門外東南隅康熙十九年舉人王巖楨重修

明倫堂五間　後正殿　東西齋各五間　崇德　廣業

敬一亭三間　明倫堂後明嘉靖間知縣李景登修順治十年知縣萬應旂重修　尊經閣

三間　明倫堂東北隅康熙二十三年進士王含真建　射圃　舊在學西後改建學東北今廢址存

教諭宅 明倫堂西北隅 訓導宅 一在東齋後一在西齋後

義學 一在城內一在杜村鎮一在香落村

養廉倉 明萬曆三十年巡按御史趙文炳發本銀四十兩學吏同省祭執掌出入每年子銀加二本學生員有貧窮婚喪不能成禮者用子銀給賑母銀常存今廢

社學 一在東門內崇道坊街南一在北門內興教坊街西明弘治十三年知縣徐誼建今俱廢

學田 城西五里翟村計地八畝今廢俱入民田起科

書院 東門外今俱圮廢

萬泉縣 中學 縣治東宋至和元年縣令趙瞻建金太和三年主簿劉從謙修元大德四年攝事胡元貞至治三年縣尹月倫失帖木兒重修明洪武三年開設學校增飾學宮宣德二年知縣張惠天順八年知縣梁棟成

化十九年知縣藕旻弘治三年教諭呂富嘉靖七年知縣楊蘭二十三年知縣劉文光萬曆十四年知縣符嘉訓相繼重修明末毁於兵燹

國朝順治十七年知縣鄭章重新修建

先師殿五間　東西廡各九間

啓聖祠　正殿東

名宦祠 櫺星門內左祀 唐 唐臨 裴子鈞 宋 趙贍 金 劉從謙 牛德昌

元 朗元真 月倫失帖木兒 姚思聰 石正卿 不古魯歹 明 汪俊德 何福全

崔 王大節 明 王樾 李廷棟 許倘 范文源 張斗

鄉賢祠 櫺星門內右祀 漢 皇甫嵩 魏 董永 裴瑾 薛尚

明 袁泰 袁軏 王賛 杜麟 王寵 賈仁元 董汝漢

國朝王景震薛之彬

文昌閣大門內康熙三十九年知縣瞿亮邦建　魁星閣康熙三十九年知縣瞿亮邦移建東

城樓南

明倫堂五間　東西齋各五間進德修業

尊經閣三間明倫堂後知縣鄭章重修

教諭宅明倫堂左今廢　訓導宅進德齋後康熙五年訓導龍在田創建

中河津縣學縣治東元皇慶初建明洪武六年知縣張天麟增修天順間知縣趙愷正德五年知縣王鄂嘉靖三十二年知縣高文學增修明末兵燬

國朝康熙九年知縣崔鳴鸑三十八年知縣吳寶林俱重修

先師殿五間　東西廡各十六間

啓聖祠舊在正殿東北嘉靖三十二年知縣高文學改建正殿西南隅

名宦祠櫺星門内左知縣崔鳴鸞重修祀　漢趙岐　唐王樂長孫恕

楊大賓　明王謬　王汝霖　王誥晁讓　焦廷節

鄉賢祠櫺星門内右知縣崔鳴鸞重修祀　漢司馬談　司馬遷　隋王通王績

唐薛禮　盧陵王　王凝　王曙薛仁貴　薛李杲　王勃　宋邵雲

金李華　薛貞　楊潤　暢亨　趙三聘李復亨　明薛瑄　李隆　高拱辰　趙用光

侯鶴齡　麗尚廉　劉有綸劉有學　張翼䎃

文昌閣學宮東明季丙午知縣白鯤創建

明倫堂三間正殿北　東西齋各七間興賢　育才

尊經閣改為敬一亭　敬一亭明倫堂北

教諭宅在東齋房後　訓導宅在西齋房後

社學太和坊一永綏坊各里俱因寺觀為之

學田二段一在縣東十里樊家庄一頃三十畝一段在縣南三十里母庄南一頃六十畝即母氏墳今無

文清書院縣治西乃文清故宅聚徒講學之所久廢知縣張汝乾建敕修祠堂於內

大解州學州治東金大定二十八年知州李愈重修元元統元年知州耿允嚚明洪武四年知州洪範十六年州判余尹聰正統間知州吳惠成化間知州張寧各重修弘治間知州李溥正德間知州李昆李文敏朱璟嘉靖間知州林元叙黃敏才解情張源澄各相繼增修三十四年地震圮三十六年知州王惟寧復建萬曆間知

州魏養蒙張汝雨陳堯言崇禎初知州徐文煒各相繼
重修
國朝順治十三年知州鄒蘊賢康熙元年知州呂兆璜俱
重修
先師殿七間　東西廡各十間
啓聖祠三間　正殿東
名宦祠三間　戟門外東祀　唐韋　繼　宋李士衡　金耶律德元　李愈
元鄭公　靳用古　也真不花　戴侯　王傑　張敏　拔思溥化
明吳惠　閻堯年
鄉賢祠三間　戟門外西祀　周宮之奇　百里奚　段干木　漢裴遵　馬武
關羽　晉裴頠　衛玠　南宋柳元景　元魏裴駿　柳崇　關朗

西魏裴俠　柳虯　梁柳遐　隋柳機　唐張玄素　裴行儉　衛大經　柳澤
張巡　柳晟　裴度　柳渾　胡証　柳宗元　宋董孝章　趙鼎　司馬光
元岐裕齋　明史誠祖　王文　李邦才　明史善　馬遴　介一洲

文昌祠　城上東南角

明倫堂五間　正殿西　東西齋各五間　東五間傾圮址存西五間現存

尊經樓三間　正殿後　敬一亭　今廢　射圃　儒學東南

學正宅　明倫堂後偏東　訓導宅　明倫堂西

社學　二　一在承流門內路北　一在養濟院北今廢址存

義學　禮賢坊街北

裕齋書院州西北四十里三張村元隱士峪裕齋建前建宣聖堂歲時修祠事習禮樂舉鄉飲於其中鄉人世守之萬曆初禮廢惟宣聖堂尚存

解梁書院州治北即舊廣慈寺明嘉靖初知州林元叙商於呂柟以後殿并廂房祀州及五縣鄉賢名鄉賢祠前殿并廂房請大學生扆彬王玉瓚教州中子弟及選有良民舉鄉約於其中以轉化餘民申請立爲解梁書院後改爲布政司今廢址存

見山精舍州西分司東正德間運判楊士魁建名五經舘今廢址存

大安邑縣學縣治中心宋蔡攸重建有碑記元至正間重建明洪武二十九年知縣晉之用天順間知縣楊磬成化間知縣劉謹正德間知縣魏瓚萬曆間知縣羊可立路一麟吳愈各重修

國朝康熙二十六年知縣柯世榮訓導李王楝重修

先師殿五間　東西廡各十四間

啓聖祠三間　尊經閣東

名宦祠三間　戟門外東祀　唐韋縱　元也真不花　戴侯　明白威　蘊洪

李鑾　林國相
霍恩　房之屏

鄉賢祠三間　戟門西祀　夏關龍逢　周段干木　漢裴遵

晉衛玠　南北朝閻元明　隋紐因　郭絢
紐士雄

唐張志寬　明李杲　王承家　景東生　劉席民
胡諾　楊一魁　王國楨　景明

景昉　相邦教　王國楠　謝名揚
馬斯才　喬國楨　劉有占

國朝馬之偉

文昌祠三間欞星門東康熙四十六年知縣張縉重修魁星閣影壁東南

明倫堂五間正殿後東西齋各三間博文約禮

敬一亭三間明倫堂後尊經閣敬一亭上層知縣張縉重修射圃西廡後

教諭宅東廡後訓導宅西廡後康熙四十六年訓導姜祖臨同闔學創建

社學城南街今廢址存

義學縣治南係舊東分司公署年久就傾康熙三十四年知縣邵錫蔭改建

學田崇禎十二年知縣王嘉謀捐俸一百八十二兩本縣民人情願領去作平地二頃三畝零有地之名並無實地每年作租穀三十六石五斗六升零折徵銀三十二兩九錢零在縣徵收廩生領銀二十一兩九錢三分有奇貧士領銀十兩九錢六分八釐零每年造冊申報

養廉倉　萬曆間巡按御史徐元發銀造倉工未興現銀三百二十兩附邑庫

河東書院　詳見運司學後

正學書院　詳見運司學後

弘運書院　詳見運司學後

考院　縣治東北數十武

中學

夏縣　縣治東南魏神廌元年建元至元十四年縣尹申達重建大德十一年縣尹張式至順二年達魯花赤田葉至正八年縣尹何義相繼修明洪武初知縣閻育成化十三年知縣楊通十九年知縣陳潤弘治四年知縣姜洪各增修嘉靖三十四年地震圮知縣王言復建萬曆元年知縣陳世寶孫養黙高奎李汝禎各增修

國朝順治四年知縣遲日巽十四年知縣鄭四端康熙四年知縣羅於廷各增修二十二年知縣宋國賢重修

先師殿七間　東西廡各十間

啓聖祠三間　正殿東

名宦祠三間　啓聖祠前東祀　宋　張戩　金　王廷直　元　辛邦彦

明　雷繙　姜洪　沈琎　袁棨

鄉賢祠三間　啓聖祠前西祀　唐　陽城　柳宗元　宋　司馬池　司馬浩　司馬沂　司馬旦

司馬光　司馬宣　司馬朴　劉永一　元　歸暘

司馬里　司馬康　劉太

王翰　王礪　馬駿　裴章美　裴鶴章

明　藺芳　王正　裴一諫　姚汝明　張慎學

鄭從周　秦士英

國朝　張雲標　張潤民

文昌閣　間正殿東北魁星樓一間啓聖祠東南角

明倫堂五間正殿後東西齋各三間修德　凝道

敬一亭三間明倫堂後尊經閣明倫堂前東射圃今廢

教諭宅明倫堂東康熙十六年知縣羅在公修建四十四年知縣蔣起龍重修訓導宅明倫堂西知縣蔣起龍修

社學廢

學田裴九功學田地四畝四分零坐落韓王村租穀三石五斗九升　裴上焦學田地八畝租穀八石

武君讓學田地山庄一分坐落武家坪坡地十畝租穀二石八斗七升零　南守倉學田坡地十二畝租穀二石　馮順生學田平地一畝三分坐落舖後租穀八斗三升零　裴文臣學田砂地七畝租穀一石　師守印

學田地三畝六分零坐落那過村租穀一石八斗二升零 郭如松學田地一畝坐落辛庄村租穀肆斗 劉升 明達學田砂地五畝坐落太王廟後租穀一石五斗三升 孫榮祖學田坡地三畝八分坐落五里橋東租穀一石八斗 李朝宰學田砂地三畝坐落下留村西租穀一石五斗 樊增禄學田地一畝一分零坐落西陰鋪南北租穀二斗七升零 薛彥春學田地二畝七分租穀一石二斗五升 以上共地六十三畝一分一釐共租穀二十六石八斗八升零

温公書院 縣治東南舊在東北元至正間改建於儒學東明天順二年修成化九年副使胡謐徙建於東四十步弘治四年知縣姜洪徙建學左嘉靖間地震圮移建此萬曆九年知縣楊溢重修今廢

養廉倉 明知縣袁葵捐銀三十兩 知縣邊維隆捐銀二十兩

國朝知縣遲日巽捐銀一十五兩 知縣羅在公捐銀五十兩 河南學道張潤民本縣人捐俸銀六十兩 本

學廪生蘓淳男歲貢蘓居仁捐銀十兩　以上六欵共銀一百八十五兩遇科舉年支利存本康熙二十九年知縣孫筠黄岡舉人詳准將城內城外官地鋪面應得地租銀一十九兩二錢以爲修葺　聖廟學宫士子應試盤費之資此銀無利

大甯縣學　縣治東北隅宋咸平四年縣令慈卿重建至和二年縣令馬中庸修金大定二十六年署縣事王宗儒泰和四年署縣事王靚元至元十一年達魯花赤脱台縣尹張仲祥大德五年達魯花赤乃魯不花縣尹劉文俊相繼重修七年地震圮達魯花赤哈兒等又重修延祐七年達魯花赤阿里縣尹王傑補修明洪武十二年知縣張同文重建正統十一年知縣侯琳弘治十五年知縣呉璇正德十三年知縣王琳相繼增修嘉靖三十四年地震圮知縣杜華重修萬曆間知縣王象乾徐明李養正李果就天啓六年知縣張耀相繼重修國朝康熙元年知縣李如蘭二十年知縣許自俊俱重修

先師殿五間　東西廡各十六間

啓聖祠三間　正殿後

名宦祠三間　在戟門東祀　漢陳寔　唐李朝隱　金楊子益　王宗儒

抜思溥化　元王傑　張敏　楊澤　明吳璇　李時　王琳　李朝綱　閻倬

羅田　馬三樂　王象乾

鄉賢祠三間　在戟門西祀　漢裴遵　三國魏毋丘儉

晉裴頠　郭璞　吳悉達　後魏裴駿　隋裴敬彛　唐裴行儉　裴寬

裴垍　裴度　五代唐裴約　宋趙鼎　賈正儀　趙壁　明王晢　李泰

楊譓　王宗舜　張守中　楊聯　翟期古

李淮　翟繡裳　葉士毅　葉震生　任贇化

甯二翰

國朝朱裴　甯鳳翔
楊永寧

文昌閣　文廟東偏康熙四十六年知縣江國棟教諭沈源濬訓導賈若瑚重修

明倫堂五間　在文廟西堂東酒房四間堂西厨房四間教諭沈源濬修　東西齋各五間　傳道授業

敬一亭　明倫堂後西偏嘉靖十年知縣閻倬建後廢順治二年知縣劉鉦重建於明倫堂正後康熙四十二年立

御製訓飭士子文碑　射圃　今廢

教諭宅　啓聖祠西訓導宅東知縣許自俊建　訓導宅　在敬一亭後圮壞已久於康熙四十六年訓導賈若瑚捐俸重修

董澤書院 縣東四十里宋相趙鼎世居其地後六世孫質仕元爲國子監博士歸建明萬曆間改爲祠堂

涑水書院 布政翟鳳翥建於紅鶴樓未就卒

先師殿院 大古栢十餘株老幹扶疎茂密青翠考碑記宋時已稱古物誌名桐宫古栢乃本縣八景之一尚有中栢三四十株今于康熙四十六年訓導賈若瑚在廟前後新栽栢樹百十餘株

學田 一頃五十九畝七分每年徵租麥穀一十五石九斗七升奉文給發廪生貧士

義學 在儒學西街庭房三間厦房三間係知縣沈光瑀建教諭沈源濬訓導賈若瑚於康熙四十七年正月設置紗燈四十對以備春秋二祭用

中
學
平陸縣 縣治東南宋祥符二年縣令麻吉肇建元至元十三年知縣葛榮重修明洪武二年開設學校

十六年知縣孔守道訓導王翰復建成化十六年主簿趙清弘治八年知縣侯尚文嘉靖三十三年知縣田充國四十年知縣吳守禮四十二年知縣王登蒙萬曆七年知縣李澤二十八年知縣馬民牧三十三年知縣強自修四十八年知縣劉盈科各相繼增修崇禎末兵燹
國朝順治十三年知縣崔偉康熙七年知縣陳國泰十七年知縣柴應辰十八年教諭鄧鼎甲訓導孫永大各相繼增修

先師殿五間　東西廡十間

啓聖祠　正殿東北隅嘉靖十年知縣徐元孝修

名宦祠　舊在正殿西北隅知縣徐元孝修今改戟門東祀　元張敏　明盧立魁　李銳　李韞秀　湯維新

鄉賢祠　舊在正殿西北隅知縣徐元孝修今改戟門西祀　唐許由　巢父　周宮之奇　百里奚

宋王繼勳 元靖與曾 明王永祚 劉瀚 劉翀 張翰 崔吉 王濟民 喬雲鳳 郭連城 王國祚

文昌閣舊在正殿東北隅今改建於西北隅

明倫堂五間舊在殿西今改建正殿後 東西齋進德修業 尊經閣三間明倫堂後 射圃亭儒學殿西濶十五步長五十步舊有觀德亭今廢

教諭宅文昌祠後 訓導宅明倫堂後東角

學田地一百二十畝坐落馬家霹霳生員趙永祐永吉永祺共捐置

中學

芮城縣縣治東北舊在東南金天會六年兵燬八年知縣朱洗馬改建於此後縣令完顏德玉元縣尹苗瑭明縣丞楊得知縣俞士真孟濟李英任亨李濟趙庭琰姜士佐相繼增修

國朝順治間知縣王自修再增修康熙三十四年知縣高壽名四十七年知縣邵瓚各重修

先師殿五間　東西廡各八間

啓聖祠明倫堂東北

名宦祠三間祀戟門外隋王　君宋邵伯温元蒲　機明

俞士真　姜士佐

李濟

鄉賢祠三間祀戟門外周芮良夫　魏犨　魏絳　畢萬　魏顆　魏文侯

段干木漢馬　武王　隱侯後周張　元唐張　騰　梁　裏明張　延金段大亨

張　隨　韓　文　李　錦　李　孝　劉良臣

李　逵　李文質　靳　茂　南思忠　陰世禄

陳孟芝　任養心　陰　潤

薛一鶚　王　紀

泮池舊引通澤泉入灌于池

明倫堂五間　東西齋各三間　敬一亭明倫堂後　射圃明倫堂東南　文昌祠三間在文廟東　魁星樓在南城上今廢

教諭宅順治十七年新修今訓導居之　訓導宅教諭宅南已廢

子夏書院縣東北八里馮村萬曆四十年知縣趙廷琰修康熙十一年知縣畢盛讃重修

學田三頃有零今戟門下有碑記不知何年遺失

大絳州城東北隅宋景祐二年建元至正間知州李榮祖學修明洪武十年知州顧登重修正統十四年知州王汝績改建成化間知州許珙正德十六年知州李文潔嘉靖間知州劉萬萬曆間知州李遷喬張應舉張繼東各重修三十八年知州朱正寅增修

國朝順治間知州薛世望貢生康丕承李貢嘉各重修康

熙六年知州劉顯第十九年知州劉涵各增修

先師殿五間　東西廡各十五間

啓聖祠三間　明倫堂東

名宦祠三間　内東祀漢周勃　魏陸凱　後周傅伏

欞星門

隋韋世康　唐李安遠　郭子儀　馬燧　韋武

梁執李元禮　李晟　李憲　杜黄裳

樊宗師　楊損　狄惟謙　宋富弼　李垂

李栖筠　石雄　張圓　錢惟濟　聶昌

王庶　金范承吉　郭通　張元　元劉亨安

高汝礪　張升　彭仲德

靳和　李榮祖　靳杜　顧登　王汝績

程元直　宋克篤　明李學　言方

賈定　李文潔　蕭儼　宋應昌　敖得義

易謨　金翩　邢化　張允濟　杜濬

劉庚
雷翀

鄉賢祠三間

櫺星門內西祀**周**士會　韓起　荀林父　韓厥　董狐　荀吳

趙武　羊舌職　羊舌肸　**後周**楊㰖　**唐**譚忠
羊舌　郤縠　羊舌赤　裴漼

薛奎　李愈　孫鎮　孔錦山　姚天福
宋孟宗政　**金**梁襄　**元**張仲儀　尉遲德

韓亨甫　高鐸　張微　韓英　闕璽
李思敬　**明**李彥英　蓋猴　陶銓　韓重

姚逵　毛憲　陳韜　閻挂　韓瓚
陶琰　陳希夏　陶滋　李應奎　范昕

周心易　趙桐　許恩　張與行　韓傑
陳栢　孫光祚　陶登　馮乘雲　王朝麟

王臣直　韓霖　黃希聲
韓雲　辛全　陶世徵

國朝李如栢　李翀霄　梁體壯　段炳然　楊作楨
王日善　楊園　段世慶　康丕承　王戀官

文昌閣櫺星門東舊講堂改建魁星樓卽文昌閣上層土地祠櫺星門西

明倫堂七間正殿後東西齋各十間東北五間爲崇德南五間爲饌堂西北五

間爲廣業南五間爲神庫

尊經閣五間明倫堂後敬一箴刻移於中射圃亭學正宅西南

學正宅明倫堂西訓導宅明倫堂西

社學城內有五關廂有二義學二十五座知州劉顯第建

學田在北山寺峪西至馬首山東至十里神廟北至陶八嶺南至州歲納租米六石萬曆二十六年知州

王大棟出俸五十金置田地主負租地價還學貯州入

養廉櫃權子母如例給諸生

額外學田城壕下色地四十五畝九分零每畝徵租五升共徵穀二石二斗九升零共折徵銀二兩

二分於年終給散廩生貧士

崇理書院在州靈丘王府東弘治間敕建今廢

啓光書院舊名啓光樓明宗業也順治間賣於聞喜鄉宦翟鳳翥康熙四年鳳翥改爲啓光書院施于絳俾絳士肄業其中今廢

養廉倉

中
學
稷山縣縣治東南唐貞元中建金貞祐間兵燬元初復建元貞間縣尹鄭叕重修至元間縣尹郭思再修明洪武間知縣茹伯賢李均保宣德間知縣楊春成化十六年知縣張諒正德十年知縣張延康隆慶二年知縣孫倌萬曆四十年知縣張思恭崇禎十五年知縣白足長各相繼重修

國朝康熙十九年知縣朱天爵三十八年知縣傅宗重修

先師殿五間　東西廡各九間

啓聖祠三間　正殿東北

名宦祠三間　大成門外西祀　西魏　王思政　韋叔裕　元　劉仲殷　明　董威　林軒

胡仕寧　何喬新　來亨　高義　温季春

張諒　吳佐　李棠　于蘗　劉一相

陳明倫

王豫立

國朝　楊之枘

鄉賢祠三間　大成門外東祀　戰國　廉頗　唐　裴守貞　裴耀卿　金　陳規　段克巳

段成巳　元　段承祚　明　甯瑛　王衛　史瑛　任佐　梁紀　梁綱

裴賜　任憲　鄭命

文昌閣在正殿東南　魁星樓南城上嘉靖三十八年縣丞安東建順治間教諭劉孔揚重建

明倫堂五間正殿後正德十年知縣張延康增建萬曆十三年知縣殷煉順治九年知縣姚延啓各重修　東西齋各五間進德　修業

尊經閣五間明倫堂後明知縣張延康增建天啓間知縣焦浴重修起層樓　敬一亭尊經閣前一間知縣劉三錫捐俸重增三間起層樓今廢　射圃亭三間啓聖祠前今廢

教諭宅正殿西年久廢康熙十八年教諭馬絳遠重建　訓導宅借居尊經閣　學倉修業齋南今廢

學田萬曆間知縣張思恭創置五十畝尋廢

中學　絳縣縣治東南後唐長興三年縣尹靳平建金大德間修明洪武三年重修成化間知縣陳能正德十一

年知縣包得仁嘉靖十四年知縣李光遠萬曆間知縣
傅應元三十二年知縣黃維翰相繼增修
國朝順治六年兵燬八年署縣事絳州同知徐祚煥十年
知縣楊鴻謨續建十六年知縣趙士弘康熙四十年知
縣盧絳重修

先師殿三間　東西廡各九間
啓聖祠　明倫堂東北
名宦祠東偏祀　櫺星門內　漢周　勃　魏賈　逵　金梁　肅
元劉履謙　明張居彥　陳　能　張　瑾　史　章
劉　智　蔡　蓁　蕪　昱　王一麟
包得仁　李光遠
毛　續　崔儒秀
國朝崔　珩

鄉賢祠櫺星門內西偏祀 周絳人 唐敬暉 宋張觀

孔綿山 尉遲德誠 明石堅 撖君賜

元王仲嘉 韓亨甫 郭永固

文昌閣敬一亭後高四十餘尺萬曆間知縣黃維翰建順治間知縣趙士弘修康熙間知縣盧絳重修

內樹

御製戒飭士子文碑 奎星樓城頭東南隅知縣趙士弘盧絳各重修

明倫堂五間正殿後 東西齋各五間進德修業 敬一亭明倫堂後今廢

號舍東西各五間敬一亭前今廢 射圃亭敬一亭西北

教諭宅正殿西今廢 訓導宅教諭宅前今廢

社學有四楊村 董封 大交 習義今俱廢

義學南門內舊蓮花池知縣盧絳重修

涑陽書院　縣西二十里南横水村元大定間邑人呂士俊置今廢

中學

垣曲縣　舊在城外東因兵廢元至元十六年知縣岳弘移建城内治北大德七年知縣左瀾瀾出重修明洪武十五年知縣戴聚修景泰成化嘉靖間知縣朱凱鄭恕房桂縣丞張廷相各重修萬曆三十三年知縣趙乾清四十年知縣呂恒崇禎十六年知縣朱治泰各增修

國朝順治元年兵燬十三年教諭孫世蕃訓導王扆知縣呂崇簡各增修

先師殿五間　東西廡各十間

啓聖祠　敬一亭後

名宦祠　泮池東祀魏楊　𦭘元岳弘　崔弘毅元左瀾瀾出　明朱凱

李哲　吴璇　張鐇　馬俊　趙文炳

茹紹賢　張廷相　董仁傑　鄧中和

學田 平地五畝坡地一十七畝每年學租麥二斗六升穀三斗七升康熙二十一年丁村夏時善捐置

勉庸書院 舊在西門內立坊勉庸齋內正廳三間明天啓五年今廢址存

社學 舊在城隍廟東廊後明知縣郭紹賢建黃鸞修

教諭宅 東齋後 訓導宅 西齋後

亭 明倫堂西北

明倫堂 五間 東西齋各五間 日新 時習 敬一亭 明倫堂後射圃

文昌祠 學宮西 魁星樓 在城東南

閻 晉 暉 中誠 趙文 戴晧 張翰芳

鄉賢祠 泮池西 祀元王遵道 明趙 胡濬 焦思忠 晉齋川 宋克明 翟安禮

中學　霍州州治西南元至元二年建大德七年地震圮知州州李伯淵重修十年監州失利不花延祐七年知州范渥至治二年知州白賁相繼重修明洪武三十年知州馬士能宣德七年學正曹端成化間知州張玘弘治間州判周盛嘉靖三年知州宇文鏞三十四年知州杜學易三十六年知州褚栩四十二年知州李春崇禎間知州丁時學各增修

先師殿三間　東西廡各九間

啓聖祠三間　正殿西

名宦祠三間　戟門外左祀　隋宋老生　後周柳遐　宋孫固　金移剌阿里合　元王明安　益篤護彌實　明崔明　曹端

鄉賢祠三間　戟門外右祀　唐高士廉　宋高繼嵩　金賈邦獻

元賀方　王得貞　程㫺　喬受之　明周正
邢飛翰　李榮祖　郭光遠　郭㫺
郭晟　喬瑞　任光裕　成德
史素　李廷儀　周獻策

文昌閣三間文廟外東南　魁星祠三間文廟東北

明倫堂五間聖殿後　東西齋二間志道　依仁　據德　游藝

尊經閣三間明倫堂後　敬一亭　無　射圃儒學南城隍廟前東向建觀德亭圍以垣墻明知州杜學易重修今僅存地基

學正宅明倫堂東　訓導宅明倫堂西

社學二　一在北城門內爲宣一宣二里學　一在南城門內爲宣三宣四里學俱廢嘉靖五年知州陳釆於太清觀前創建一所

學田　旱地十一畝三分坐落本州白一里王家山頭崇禎十三年知州張夢鯨捐置

霍山書院　州城北太清觀東始建無考明知州褚相復建李春增修今僅存地基

吉州小學　州東門外元延祐初建明洪武五年知州諸志昇正統間州同羅拱宿增修成化二年知州謝鎮重建天啓間知州沈瑜重修明末兵亂祠廡俱廢國朝順治間知州紀振邊于三躍相繼修葺康熙元年知州葛全忠更新重修

先師殿五間　東西廡各七間

啓聖祠三間　正殿後

名宦祠三間　戟門內東祀　唐劉廼　宋朱弁　金任禮厚　元韓復生　王士元　時公權　明蔣暘　辛繼先　包鐘

鄉賢祠三間戟門內西祀唐崔元亮金馮延登楊貞元馮愈

明丁汝謙劉如篪

泮池學前知州林嘉徵復鑿掘不數尺獲錢二甕八斗有奇復深丈許

文昌閣三間一在東山上一在西門外今廢移修東山閣　魁星樓一在東山上見存一在西南山上亦見存

明倫堂三間　東西齋各三間遜志敬業　敬一亭啓聖祠後今廢　射圃亭敬業齋西今廢

學正宅州署東南　訓導宅無

文城書院錦屏山半正德二年知州史紀建今廢

小鄉寧縣學 縣治西宋皇祐三年縣令劉舒建明洪武十一年知縣金守正修嘉靖三十四年地震傾圮知縣張雲從復建萬曆間知縣李枝崔允恭李時茂相繼增修

先師殿三間　東西廡各七間

啓聖祠三間 正殿後

名宦祠三間 戟門東祀宋劉舒

鄉賢祠三間 正殿東祀晉荀息隋王通

文昌閣三間 城東南山上萬曆間知縣焦守巳建 魁星樓一間 文昌閣旁萬曆間知縣李枝建焦守巳移巨鐘懸其上晨夕鳴之

明倫堂五間 正殿東 東西齋各三間 博文約禮 東西號房各四

間今廢

敬一亭　明倫堂後

教諭宅　明倫堂東　訓導宅　明倫堂西

學田　明萬曆間共地四頃四十一畝五分零該粮二十一石六斗九升九合有竒共租銀九兩九錢一分

順治二年開墾七十五畝每歲徵租銀二兩二錢二分

小學　隰州　州治西南元至正間建明洪武中知州陳顯劉元良景泰五年州判周全成化間知州壘春董瑜俱重修嘉靖十四年知州鄭濂改安國寺爲學宮三十六年知州宗傑復遷於此萬曆四十年知州王茂錫重修四十五年知州儲至俊增修

國朝順治十三年知州白崇周康熙六年知州胡文煥二十六年知州張綏遠四十一年知州鄭恂各修葺四十五年知州錢以塏重修

先師殿　東西廡各九間

啓聖祠三間　正殿東北隅

名宦祠三間戟門前東祀　東魏房謨　唐李琛李晟　後漢侯仁矩

後周李謙溥　金楊貞李曼　元韓昇王天祐時公權　明董瑜吳智

鄉賢祠三間戟門前西祀　唐曹氏三侯　宋賀貴趙友　明李養榮李愈華

李愈秀

文昌祠明倫堂後尊經閣下　奎星樓州城東南康熙三十二年學正張德棠建

明倫堂七間　東西齋各五間　尊經閣内祀文昌并設明肅宗御

製敬一箴及註宋儒五箴

社學今廢射圃亭 明倫堂西亭無

學正宅 舊在西馬道冦燬今移西齋房後 訓導宅 裁

學田 原額荒地七頃零七十畝本州招人開墾過荒地二頃零一十畝每畝每年徵租銀二分零共徵銀四兩九錢有奇每于年終奉文給散廩生貧士

紫川書院 州治西南知州錢以塏建又捐俸置田二十四畝

小學 大寧縣 西夏大德二年修武校尉行縣尹侯倶建於城外東北隅後以兵燹廢金正隆六年縣尹高永孚於縣署西北岡下掘地得金魚乃移建廟學于縣署之西明洪武八年知縣郁傑重搆天順四年知縣王溥重修成化元年知縣劉紹宗繼葺始稱完備崇禎七年知縣丁嘉謨重修正殿移本縣大德村舊廟肖像置廟中共十五位

國朝順治十三年知縣吳興祚增修廟後築石堤以障大

水規模視前有加康熙三十三年知縣劉芳永加修

先師殿五間　東西廡各九間

啓聖祠三間　西廡之西明隆慶元年知縣邵蕙建康熙四十五年知縣胡文煥移建正西北隅

名宦祠五間東祀　戟門前元楊思聰　明霍敏　邵蕙　劉紹宗

鄉賢祠五間西祀　戟門前　曹需　暢茂　馬尹昌　明王欽　王鋭　安民

文昌閣三間　一在縣東關外一在縣北浮圖結之巔魁知縣胡文煥移建高覽樓肖像其中

星樓　縣南翠微山之巔知縣胡文煥重修

明倫堂三間　啓聖祠前康熙九年　東西齋各三間　進德訓導王翰華重修　修業

今敬一亭三間　明倫堂西康熙四十射圃縣西故縣廢　三年訓導張繩重建　村東北

教諭宅今廢訓導宅明倫堂西北康熙四年訓導王翰華建四十四年訓導張繩重修

義學縣東關外

學田縣東蘿曲村旱田共地五十四畝租銀一兩一錢糧七錢九分零儒學收租納糧

小學永和縣縣治東南舊在城東門外唐貞觀二年建宋大觀初修元至正間改建於此明洪武五年知縣孫讓正統十年知縣胡貞嘉靖元年知縣吉順東曹文輝訓導袁勳二十四年王府官張栢齡捐輸相繼增修崇禎五年兵燬

國朝順治三年知縣刁昌世十五年知縣武士豪康熙十一年知縣王爾揖訓導朱永祚三十九年知縣趙克章四十六年知縣王士儀各增修

先師殿五間　東西廡各九間

啓聖祠三間明倫堂後

名宦祠三間櫺星門外祀明辛耀　胡貞　劉欽　李昇　穆恭

國朝武士豪

鄉賢祠三間櫺星門外祀唐劉訓　元賀勝　明李善　張松齡　馮玉

文昌閣一間舊在正殿後今改建文廟西南城臺上康熙四十六年知縣王士儀建於此

魁星樓在東南城外高埠上下各一間康熙四十六年知縣王士儀捌建

明倫堂三間正殿後

訓導宅廢

社學廢

義學　文廟西知縣王士儀建

學田

大運司本司城內東南隅元大德間建至正二十八年罷學運司明正統間運司韓偉請復設師徒員額視府學天順三年運使史潛繼修弘治間御史張應奎正德間御史熊蘭冉廷徵萬曆間御史黃一龍曾舜漁王遠宜喬允昇運使林國相運判王建中崇禎間御史楊繩武各增修

國朝順治十三年運使陳茾重修康熙六年御史施維翰十六年御史鞠珣二十七年運使蘊昌臣俱重修

先師殿五間　東西廡各二十六間

啓聖祠三間　正殿東北

名宦祠三間　戟門外東祀明趙建

鄉賢祠三間戟門外西祀周荀　息漢司馬遷　關　羽魏董　永

晉郭　璞後魏關　朗隋　敬　肅唐裴　寂　衛大經　敬　暉　張　延

盧　陵　楊巨源　裴琰之　司馬光　李　素

裴　度　羅宗道　司空圖宋薛　顏明李　幹

呂　完　張士隆　牛　惇　楊一桂　曹希舜

曹于汴　李　圭　胡　諧　劉允寬　劉弼寬

劉敏寬　喬士鷴　張　遂　康四海　閻望雲

喬起鳳　張　岫　胡志夔　王　治　喬溥恩

喬國禎　謝　詰　張　芮

馬邦瑞　謝　譽　馬邦珍

國朝周家禎　劉永灝

魁星樓一間

明倫堂五間正殿後　東西齋各六間志道　依仁　據德　游藝

敬一亭三間明倫堂後　尊經閣一座正殿東　射圃正殿東

教授宅　訓導宅俱正殿東

社學運城四街有四社鐘樓南有中社年久俱廢其地畝四至禮房存卷

學田明萬曆二十三年鹽院林國相創建學倉以育人材尋擢河東參議留俸五十兩備置學田後署司運判王建中踵其志募捐二百兩買夏縣地六十餘畝每年入租三十七石有奇又清出解州臨晉安邑禁垣灘地五百一十畝每年入租二十四石有奇共納學倉備賑給焉康熙二十九年運司行查據經歷司回夏縣地六十餘畝移縣細查並無學田隣民佃戶姓名其解州臨晉安邑禁垣灘地止查出地二百七十九畝三分每年入麥穀九石九升五合俱是禮生支用

河東書院運城北五里明正德間鹽院張士隆建基大三十餘畝有贍地四十餘畝課租備用萬曆

八年張居正奏毀天下書院鹽院李廷觀計改三聖廟得免十三年鹽院趙楷更名崇聖館十六年鹽院吳達可更名育才館十八年鹽院林祖述藏書以待後學天啓三年鹽院李日宣增建書屋

國朝康熙十年鹽院布舒熊一瀟重修二十年鹽院黃斐再修

弘運書院　運學東天啓三年鹽院李日宣建延邑紳曹干汴講學于內捐俸三百兩買夏縣地一百四十餘畝鹽院姜思睿捐銀一千兩買安邑縣地五百七十一畝有奇鹽院楚朗揚捐銀三百兩買夏縣地八十餘畝以爲育才之用共典收支給地段坐落四至佃戶姓名各有碑記在院可考緣以鼎革兵荒湮沒日久康熙二十八年鹽院郝惟謙檄行兩縣查清覆發運使蘇昌臣傳集紳士公議所有從前隱地逋租免其追償用寬既往自二十九年伊始佃地人戶悉遵舊規除完糧之外仍照碑額完租該縣每年彙收解司附貯官庫備充書院歲修日給公用仍延名宿主院啓廸爲後學進修之地爲院司卷冊存照安邑縣共地二百二十七

畝六分九釐價四百三十三兩八錢八分租四十七兩七錢二分六釐八毫夏縣共地五百二十七畝九分四毫價九百三十七兩四錢八分八釐八毫租一百三兩一錢二分三釐七毫六絲八忽三十六年運司詳院減半收租四十年運司詳允運學徵收以充公用

正學書院　今改東察院

衛既齊曰三代以來不與井田封建俱廢者唯學耳明初尤重學校郡縣師儒必極一時之選而且爲之置學田以養士頒書籍以教士祭器以習禮射圃以觀行社學以廣教童蒙鄉飲以崇尚禮讓法綦備矣而一時公卿大夫亦皆重道崇儒雅意作人於是遍立書院廣置

倉廒所以作天子之德教成菁莪棫樸之化者無不詳
且至焉迨後日久廢弛文廟徒以棲神主學宫徒以居
學博教育之實不聞齋舍之名虚設甚至祭器失守書
籍散逸隱占官地私建滛祠并其餼羊而去之者吁可
悲也唐陽城宋胡瑗之教凡爲司鐸者其亦有意於斯
乎見猗氏志
平陽府爲賢哲亟須表揚忠烈允宜報享請祀名宦鄉
賢以光祀典以敦風化事查照得平陽爲唐虞故都聖
哲輩出官斯土者自古不乏名賢産是邦者歷世每多

奇節此雖一時之運會實賴在上之栽培今幸伏遇
聖天子首重循良旁求俊乂褒揚忠藎屢見典章無非爲
天下惜人才端教化植綱常於萬世培元氣於九州也
恭值憲臺文駕韓歐理宗濂洛教先德行化重彝倫拔
髦士於學校之中選吉人於文章之内凡遨斯時之藻
鑑自皆異日之棟梁所以仰體憲心上稽前哲因平陽
府志自萬曆以來百有餘年未經修輯特延名宿現在
編摩細查省志迄各州縣志自明代以至
國朝未得入名宦者自河東道焦源溥始未得入鄉賢者

自浮山暴昭始或施子惠於昇平或見忠貞於變亂或
捍災禦患或殺身成仁以其實不以其名爵無分於大
小惟其人不惟其位德豈限於官民皆論定於盖棺可
爭光於日月其在流寇變叛之際土崩瓦解忠烈之士
固在在有人而平陽寄邇賊巢衛連秦豫故受禍最慘
而節義最多已經盡載志書即行刊刻又再三考覈徧
加諮詢實皆忠公報國之人俱有正俗維風之力求其
子弟半屬凋零問諸故老空爲流涕雖皆已備載於簡
册猶未得進列於宫墻既能聲傳百世自應血食萬年

況從來舉行盛典全賴當代仁賢闡發幽潛原屬吾儒分内若因循既久則年湮代遠更難望之後人但一力主持則名教綱維即可振之終古伏乞憲臺檗准從祀明人倫於萬禩留正氣於兩間豈獨泉壤蒙庥抑且河山生色矣康熙四十七年三月知府劉棨詳

名宦

焦源溥　薛陳偉　邊　像　鄭文彬　項　易
史掌文　劉之屏　王存鏊　鄭弘圖　李乘雲
崔　珩　郭九有　陳素抱　房之屏　王印昌
傅　𣅀　孫　倌　張思恭　侯鼎祿　王來覲
孔祖湯　李榮宗　邵起鳳　秦樂德　畏自宏
馬鳴陛　秦宗文　周茂覺　黄　縉　尤世祿

閻鎮國　薛敏忠　吳運新　朱光裕　蔣鳴龍
錢法裕　主中道　徐士鶚　鍾夢豹　竇復儁
郭桂　張維世　昝如思　喬因羽　李禎宁
安應耀　強自省　劉四端　姜實　郭庭梧
孫恪　張錫文　李昌齡　何福全　樊得仁
馬文焳　郭景昌　呂柟　魏養蒙　徐文煒
傅希摯　張謙　陳世賓　袁應春　遲日巽
張問行　申田靈　時化　周時相　葉廷桂
張遂　趙庭琰　王自修　胡心尹　王松年
劉圻　馬懋　張思恭　張拱端　褚相
李春　王暉　劉昇　李時茂　楊家龍　曹文詔　虎大威
侯世爵　儲至俊　王添貴　于建隆

鄉賢

陳紀　周遠祚　翟師雍　晉淑汴　暴昭
陳福　盖繼富　高象先　秦士鳳　李先春
王牧民　齊國賢　張閱　衛宗康　趙汝斌
樊進學　樊光裕　段光彩　王宗壐　李茂彩

邢一科　賈良薦　丁流芳　史可觀　衛承德
劉奇　劉漢卿　袁雅度　上官藎　李長華
郭封伯　侯甸　王永年　閻生斗　宋之雋
任守清　劉佩　賀九思　王世俊　賀一孝
樊邦正　相希尹　張夢鯉　景淑範　賈道醇
樊文煥　姚昌祚　周有光　咸思忠　郭俊乂
陳志剛　馮守禮　王震仲　黃連　趙煇
暢一鵬　柴孟冬　黃時度　王有光　張體素
史官　盧如棟　柴皇棟　張永林　原養重
馬世武　史國顯　任大觀　范啓科　王國訓
趙躋昌　景星　李貞佐　王晃　相世芳
劉斂　曹于汴　靳斗　薛賓　盧學古
張綿　段大亨　段元亨　薛佩玉　周三光
任家珩　蕭熙載　陳愫　陰象坤　李賡
盧繼芳　李生光　石堅　王彬　任維清
郭自修　陳所優　康四維　郭帝都　魯世任
文襄　普衛　周得英　趙知己　郭可克
郭立澤　劉俊民　文光燦　趙大體　孫連城

石鳴珂　魯聖學　秦鏡　劉漢章　張金鼎
文三錫　孫克昌　申懷吳　張成世　李隆
展三　任德明　張雲亭　張士毅　車聖輦
申時疆　程先登　楊蘊素　王三畏　文沭民
楊自發　申近舜　郭汝蘭　郭汝斗　郭仙居
魯崇謹　魯聖脉　魯聖修　張金鑑　劉鎮華
楊開甲　劉兆聖　加真儒　王世封　文濈
郭雄圖　文朝輔　魯紹閔　文卿　張子任
魯廷佐　郭戩宏　張屏晋　張鵬漸　申在晋
張在史　戴君封　張永清　鄭國華　張帝範
楊永拭　劉漢儀　文新祚　張鵬翀　劉景周
張金鑪　申元升　申自天　魯世輔　劉俊賢
文冲虚　文朝宸　文王輔　馬輔朱　張子薦
席舜鼎　張金鏕　文作礪　魯太史　魯廷揚
文達　魯廷琮　張紹綸　楊弘福　王志亨
馬良　張惟一　王赫　張金鉉　文新命
張治光　申儒　周煥　周洪陞　李惟杞
胡光袠　成德　劉五龍　史光前　史光代

賀有造　吳大成　王家棟　宋永隆　李允

安民　張斗辰　藥三德

平陽府志卷之十

祠祀

事神以爲民也風雲雷雨山川社稷祈報在焉先師先賢先儒道統系焉壇壝廟祠領於官達於天下無論已他若以勤尣事以勞定國之屬功德所在則祀於其境鄉之賢者則祀於其鄉義各有當易地則非其鬼兇荒淫不經者哉爰居之祀孔子以爲不智漢唐以來其爲爰居也多矣並列於篇以俟後之釐正者作祠祀志

臨汾縣

社稷壇在府城北門外里許明洪武初建附郭不置餘州縣如制　風雲雷雨山川壇在府城南關外洪武初建附郭不置餘州縣如制　厲壇府城北門外里餘明洪武初建附郭不置餘州縣如制　里社壇在各里　鄉社壇在各鄉

府文廟在縣治西

縣文廟在府治東

啓聖祠府學縣學餘州縣學如制　名宦祠府文廟餘州縣如制　鄉賢祠府文廟餘州縣如制

文昌祠在府學內明萬曆二十八年建各州縣俱有　七賢祠在府學外祀蓍頡風后巫咸巫

賢傳說其二闕或曰伯夷叔齊　國
朝康熙三十四年地震毀舊址猶在魁星樓郎東南角樓明萬曆
間知府李從心建　國朝康熙三十四年地震毀總鎮
毛移建府學泮池西南隅各州縣俱有
府城隍廟在城咸化坊　縣城隍廟在府城隍廟西八蜡廟城府
南一里附郭不置餘州縣如制　餘州縣如制
三皇廟在府城右市坊又襄陵洪洞蒲州聞喜隰州俱有　蒼頡廟在城北關明正德間知府
閔槐以三教祠改建
堯廟水經注曰汾水側有堯廟前有碑魏土地記曰平陽城東十里汾水東原上有堯神屋石碑今在府
城南八里舊址堯廟在汾西晉元康中建於汾東唐顯慶三年移建於此元至正間道士姜善信募修明正統間左布政石璞知府萬觀重修正德間巡按周倫修額正廣運殿祀堯右重華殿祀舜左文命殿祀禹名三聖

廟後爲光天閣後右爲丹朱廟左爲娥皇女英廟東爲三聖考廟擴地七百餘畝廡楹數百間春秋致祭國朝康熙三十四年地震傾塌奉旨發內帑命工部員外郎倭倫建修頒發御書匾額堯殿曰光被四表舜殿曰濬哲文明禹殿曰萬世永賴堯陵在府東六十里於浮山分祭又洪洞浮山太平垣曲霍州等處皆有廟祀

文王廟在養濟院明萬曆十九年知縣邢雲路建榮河安邑俱有

關聖廟在普右坊明西河二王繼修萬曆間指揮呂應岳廓修增寢殿四月八日祭國朝康熙三十四年四月六日地震傾塌盡廢知府王輔重建前殿四十六年知府劉棨建正殿後寢殿餘州縣鄉村俱有廟

唐太宗廟在城東十五里明正統五年重修　李衛公靖廟在府東關外　無佞侯廟一在城東三十里卧龍岡爲上廟一在城東二里爲下廟俗傳臨汾人爲浮山令使民築堰澇水灌

田又嘗陰助唐太宗伐宋老生有功封為　醫師廟在東門外
護國無佞侯歲旱有禱輒應故民祀焉
明萬曆間知縣邢雲　太歲廟在城西北隅明永樂　火星
路建各州縣俱有　間建洪洞亦有廟
廟在關帝廟南　國朝順治間守道　鎮汾廟在城外西
王無咎知府徐來麟建霍州亦有　北半里許
龍王廟在關帝廟東　馬王廟在府治東各
各州縣俱有　州縣俱有
汾水神祠在城西一里　平水神祠在城西二十五里平
俗名河神廟　水上晉劉元海僭據
時修建一統志云一名龍子祠宋封為澤民侯加封為
靈濟公又加封為康澤王後設龍母殿以事韓媪臨汾
縣令岳世安重修　國朝康熙三十四年地震傾塌四
十六年知府劉棨步行禱雨有應因重建兩廡有雷電
風雨　澇水神祠在城東北八　雲泉神祠在縣東南二十
神祠　里澇水渠上　里東亢村
曹相國祠在平善坊祀漢　舞陽侯祠在城東二里明洪
相平陽侯曹參　武十九年修祀漢

樊噲
霍將軍祠在府城西八里祀漢霍光唐天寶七年建國朝順治年重修
三太守祠即晉山書院在府治東北明德坊明嘉靖三十四年知府王楠於此建三太守祠祀南昌徐鐸京衛李琮任丘閔楒扁曰親賢堂以三太守有功德於民云
王公祠在城北五里高河橋上知府王溱修橋民爲立祠
劉公祠在北關外同知劉衍祚築堰開樊家河溉田民爲立祠
盛公祠在大中樓南去思碑在府門
胡公祠一在東關一在南關去思碑二俱在南關
邢公祠在北關爲修樊家河民立祀
張恭肅公祠在普右坊春秋有祭
多羅王祠在鼓樓東國朝順治五年建

襄陵縣

軒轅廟在縣東南赤鄧村至元十年重建又太平
諸葛武侯廟在縣東南賈興光村

將軍廟在縣西南賈朱村內祀膠東侯賈復　河神廟在縣東水關汾河西岸明洪武六年建靈石芮城垣曲俱有　席老師祠在縣東席村　巢父祠在縣東南荊村下有水名巢溪　留侯祠在縣東南東張村　蒙溪先生祠在縣東南張纂村元延祐四年建

華池神祠在縣姑射山之南華池峪翼城羊角山北峯并絳州永和俱有　臥龍神祠在縣東南崇山西嶠元延祐三年重修旱禱輒應　張公祠在通信坊　蕭公祠在東水關廂　房公祠在南關廂　陳公祠在學西公諱昜　楊公祠在按察司右　馬公祠在學東

薛公祠在平政亭後　高忠節祠在學西

洪洞縣

伏羲廟在縣東南五十里卦底村廟後有冢元大德十年建廟東有畫卦臺乃伏羲畫卦處趙城吉州

隰州大寧俱有廟

黄帝廟在縣西十里公孫村元至正十四年里人侯義夫建絳州亦有

虞士師廟在縣南十五里皋陶村東北高阜逼衢南向元元統二年建明天順間叅政祝顥重修改今名絳縣亦有　師曠廟在縣東南二十里師村東百步許金大定四年建　孫真人廟在縣南三里泰保里元至元二十四年建蒲州猗氏俱有　韓仙君廟在縣東二十里蜀村宋至德元年里人范信建元至元元年楊義重修　婁山神廟在縣西四十里圈頭村靈婁山上元至正間建

晛廟在縣南三十里上張村元皇慶元年建

鄭忠肅公祠在縣南十七里下橋村路東元至正十一年建　韓忠定公祠在縣望霍門外二里許賈村南明嘉靖二十八年建　英山神祠在縣西三十里　金城祠廟在東嶽廟東南

隅明崇禎間紳士里民創建盖祀邑侯王公詔鄉紳太僕卿韓公廷偉僉事王公三接員外晋公朝臣知縣韓公廷芳叅政劉公應時都御史晋公應槐御史于公應昌也椽史楊應科李桂等義民柳成條商山等分列焉先是隆慶丁卯歲北寇犯晋攻陷石州石汾屬也距洪僅四百里浹辰可到時聞警戒嚴謀所以禦侮者深且備會寇騎北旋諸公念城垣卑薄不足恃僉謀甃以甎高厚而堅後天啓壬戌流寇猖獗蹂躙四境焚掠居廬民物幾半三薄城下安堵如故一時都人士請之邑侯建立專祠因額曰金城春秋祀之報厥功也

浮山縣

禹湯廟在縣北十里南王村唐時建元大德九年錄事次求之重修以伯盖伊尹配　國朝康熙　年齊至勝男生員人龍重修

司空廟在縣東南二十里風穴山上老子廟在縣南三今呼爲司空山即大禹也十五里龍

角山唐武德中神見此山遂立廟　堯姑廟在縣西北三十里楊村河
有御製碑見一統志蒲縣亦有
西　嘉潤侯廟在東峯上孚佑侯左唐開元十八年勅建今稱東西二峯神每歲四月八日有司致
祭　洪道真君廟在縣北八里宋元時建　浮山神廟在縣西南十里世傳浮山令淡
爲神臨汾人後封無佞侯廟在梁村鎮　清源王廟在縣東南十五里金大定二年建　楊公
祠在縣東門外祀知縣楊三辰

趙城縣

中鎮霍山廟在城東北四十里霍山之麓苑川里唐開元八年封霍山中鎮爲應聖公宋政和二
年封靈應王明洪武三年改稱中鎮霍山之神遣使賫
捧金香盒一箇重十六斤每歲春秋令有司致祭每遇
改元及兵荒仍遣官祭告　國朝屢遣官致祭又臨汾
襄陵岳陽霍州俱有廟

媧皇廟在東門外五里許侯村里宋開寶元年創建元大德年重修明洪武三年遣官賫金香盒一箇重十六斤命有司常加修理以附近人戶看守春秋有司祭毋三年遣官致祭歷代改元俱遣官祭有碑文存焉金香盒被流賊刼去無存國朝順治八年康熙七年十五年二十一二十七三十五三十六四十二年俱遣官致祭知縣徐容督修又臨汾洪洞太平蒲縣靈石聞喜等處皆有廟

華胥廟在縣侯村爲華胥聖母漢建和年建趙簡子廟在縣東北三里許廟在冢之前明正統十二年重修豫讓廟在縣南八里許官路之右紀信廟在縣落里元至正年建一統志紀樊噲廟在縣樊村里信祠祠後有墓絳州亦有樊噲廟後有冢在焉真人

太平縣

廟在縣石明里爲姜善信郭元長建

伯益廟一在縣東北北社村有墓在焉一在縣北五里張高村　國朝康熙十一年知縣何偉然重修一在中黄里南黄村又襄陵浮山聞喜絳州俱有北社村有墓田一百四十餘畝明時無糧順治七年清丈編入東汾里九甲每年額徵銀陸兩肆錢係守墓僧耕種辦納康熙四十七年知府劉棨行文太平知縣顧欽查勘于墓外週圍留地數歩不許耕種豐其丘隴栽蓄樹木舊墻增高數尺墓旁祠宇正殿三楹並獻殿樂亭大門二門俱係明崇禎時知縣魏公韓建年久傾倒一槩重修張高村廟亦行知縣顧欽修葺立有碑記

荀息廟在縣東北二十里荀村　董狐廟在縣東北二十里董村　趙大夫廟在縣南十五里汾陽村祀晉趙盾　三侯廟在縣南二十里古晉城北門外宋元豐四年建祀忠智侯公孫杵臼成信侯程嬰崇寧三年封韓厥爲義成侯祀之共爲三侯廟一統志爲三侯祠又縣程公村三公村厥店村俱各有廟　李將軍廟在縣東北十里北里村東南祀趙將李牧　浮惠廟一在景毛村一

在陳郭村一在西姚吉村

文中子祠在縣東南三十里萬王村北龍門溝上乃文中子故里有洞深二丈餘號文中子洞

岳陽縣

開天殿在金推村古建内祀伏羲神農黃帝少昊顓頊帝嚳帝堯帝舜明朝重修

郤大夫祠在北門外

曲沃縣

黃帝廟一在城中正統間里人掘地得古碑上刻黃帝廟其陰贊文曰道德巍巍聲教溶溶與天地久億萬無窮因立廟一在喬山周顯德中建一在蒙城鎮知縣劉璣建洪洞太平絳州等處亦有廟

濟瀆廟一在東關一在濟溪一在城元延祐中邑人於濟源燒香至老辭神曰今老不能再至及抵家

行李中得一龜神之而立廟四月十八日祀之會集商賈

秦子令將軍廟在秦村有碑　太子廟在縣北十里中有荀息祠　介林廟在河底

殘苦廟在縣西關舊志云介子推從重耳出亡追者甚急推以其子林代死後重耳入晉推妻并林妻尋推至此聞焚死於綿山二人投井而死鄉人以爲其情殘苦立廟後人訛傳爲蠶姑廟　臺駘祠在縣西三十里臺神村見一統志　晉恭世子祠在城西南隅世子死於新城邑人立祀見一統志

程公祠在縣西即晉賢士與孔子相遇傾蓋而語處卒葬於此并立祠見一統志　李莊簡公祠爲禮部尚書李浩立春秋有司致祭　賈大司馬祠在古南門外爲節尚書賈漢復建

烈祠在縣治西祀本縣烈女　國朝康熙三十四年知縣潘錦建

翼城縣

丹朱廟在丹山

唐叔虞廟一在故城村宋天聖間重修一在剪桐坊宋天聖六年建衛莊公廟在廟下村衛蒯聵出奔翼教民以桑麻之利民爲立廟元大德八年重修介子推廟在覆釜山又夏縣萬泉絳縣俱有

漢文帝廟在感軍村東南明嘉靖二十七年重修

風雨神廟在四望村其神唐衛公李靖按逸史云靖微時常山行民家寄宿夜將半一婦人持水瓶授之曰天命行雨煩子代之蒼頭牽青驄至戒之曰子以水從馬鬃下三滴即止慎勿多也靖乘馬咆哮從空而躍靖連滴數十滴明日一境大水即此地喬澤廟在灤池前俗呼灤將廟

慈聖太后廟在城西馬仙庄明崇禎間建慈聖太后者邑馬仙庄李偉女也少喪母隨父客燕穆

宗在裕邸時選爲才人後得幸生神宗及潞王穆宗崩
神宗卽位册號慈聖皇太后初有識者過冀覽翔滄之
奇以爲有王者氣已而后果貴

潞公祠在教諭宅西南舊帝君祠正德五年提學何二
陳鳳梧改祀潞公文彦博有塑像碑存
將軍祠一在北門內大街東一在東河下順治七年閤
邑公建一在南常村餘鄉多有之將軍姓何諱
斯盛字際韶秦之鎮番人也少俠勇善射嘗以邊功爲
明懷遠將軍兄斯美令冀將軍省焉是時姜瓖發難四
方應者以百數冀東山崇儲安定國以燒香聚衆聞瓖
變亦揭竿起聚至數萬擾亂曲冀間無寧晷平水所治
皆爲賊據將軍繕埔練衆身親枹鼓百戰而以城免會
賊設伏以餌戰於滄濱賊佯北將軍逐焉忽馬仆墜于
地格鬬不已爲賊所傷邑人哀之過爲立祠歲時享祀
不絕時同難者有柳吉祥王國寧史養性常進忠蘇溜
子聶黑子鄭奇殷大力裴十樂郝時禎張康康孔日進
燕小僧李浪馬化豸周啓祥楊國科常洪灼李沛然姜

倉倉李芬高管管任成都范國明張付論侯康子二十六人在城廟有按察王廷諫碑記河下廟有教授王三輔述畧大中丞上官鉝撰

李侯祠有二一諱嵩一諱士淳俱在城西　趙侯祠堪在衙道　何侯祠斯美在鍾樓北

汾西縣

姑射真人廟又名青山龍王西門外青山頂二處俱建明洪武三年修　百神廟在坂底村

毛公祠東門內

褒忠祠學官西祀明保安知州閻生斗城破遇害事聞誥贈太僕少卿文曰惟爾政著循良討周捍禦賊氛突至守禦彌堅援絶力窮捐軀殉節裂膚最慘死事彰傷贈䘏追褒春秋祠祀式陳俎豆爲治忪楸庶慰忠䰟尚其歆服

蒲縣

蒲伊子廟縣北蒲峪川東關廟又有一小祠 老子廟在縣東四十里 晉文公廟去縣二里翠屏山上文公曾守蒲故蒲人建廟祀之又猗氏臨晉絳縣鄉寧俱有廟 五鹿大夫廟在縣北五十里五鹿山上 唐侯廟縣西二里 鎮水龍祠在縣小東關

靈石縣

韓侯廟縣南二十里廟後有墓今名韓信嶺多名人題咏元歸暘有記見一統志 李衛公廟在小水頭郎英雄相遇處後人立祠 潔惠侯廟一在南門內一

西嶽廟內又臨汾蒲州等處皆有

在綿山麓介林郎祀介之推康熙丁亥知府劉棨禱雨立應

蒲州

河瀆廟在南門外宋時勅建歷朝命有司春秋致祭國朝屢遣官致祭

西海神廟在河瀆廟西元勅建明命有司春秋致祭國朝屢遣官致祭

風后廟在州南風后冢前風后黄帝臣没葬於此地後人因建廟解州有二

帝舜廟在州東門外宋真宗祥符四年祭后土駕次河中謁舜廟命本府修飾墻垣親作贊記之改舜泉坊爲廣孝坊命王欽若撰記復詔建廟於舜泉側即今廟焉明朝命有司春秋致祭又州南二十里歷山嬀汭側舜所耕處亦有舜廟洪洞太平岳陽翼城猗氏安邑夏縣聞喜垣曲皆有廟

娥皇女英廟在歷山村南中莊里始建莫考金大定元年重修

漢張桓侯廟在州城北復安居　晏公廟城北護岸上相傳治河有功故里人建廟祀之

回河廟在城北護岸上相傳黄河漲溢南岸垂崩郡人祈禱以致河回謂必有神主之遂立廟祀焉萬

曆四十一年郡紳王丞休重修蔡倫廟在東關尚廟北紙房文二賢祠在南首陽山上祀伯夷叔齊太康閒建晉程嬰公孫杵臼祠在州北青臺里高原上絳州翼城曲沃鄉寧各縣俱有段干木祠在州南一百二十里上方段村元河東運司副使段禧爲先生裔孫倡族衆興復之郎令上方祠安邑亦有魏徵祠在州東任陽村呂純陽祠在永樂鎮在東郭村一張忠定公詠祠在東郊外公裔有居蒲者因立祠祀之田先生祠名世英金時人祠在州北復安里月川先生祠在儒學明倫堂西巡撫吳甡守東道陳廉二公祠楊襄毅公祠在北門外祀尚書傳王襄毅公祠在州內鼓樓北街張文毅公祠在州內鼓樓南街百歲賈宗仁祠在東關三義巷孟烈孝祠在東門內

孝子劉東旭祠在東郊外

臨晉縣

比干莊武王廟在樊橋鎮西門外世傳唐德宗貞元間馬燧爲司徒討李懷光於河中駐節於此

忠孝將軍廟在縣西四十里丁庄村

馬侍中祠在縣東南十五里祀唐侍中馬燧元大德八年建又

司空侍郎祠在縣東南王官谷內猗氏北門內亦有祠唐侍郎司空圖嘗隱此谷宋至和中縣令樂沆因建祠繪侍郎像以祀之今廢

扁鵲祠在縣東南七十里故市鎮東唐開元三年建又蒲州亦有

榮河縣

后土祠在城北十里肇自軒轅掃地爲壇漢文帝元年治汾陰廟武帝元鼎年立后土祠於汾陰脽上

親祀之其後宣帝及唐明皇宋真宗皆躬祀之金章宗
元世祖皆遣官致祭見一統志明永樂十三年重修李
賢爲記 國朝康熙四十二年知縣梅夔綬重建臨汾
以及各州縣俱有

成湯廟在縣東北一十里以陵寢所在故建廟於此內
塑湯像以伊尹仲虺配享宋開寶六年勑賜明
正德四年少卿喬宇奉命來祀題准增修有司春秋致
祭又浮山太平曲沃翼城聞喜垣曲等處皆有廟

白馬神廟在城南十里河上相傳龍馬負圖出河處

武侯廟在縣東南三十里天興村

猗氏縣

郇伯廟在縣治東北舊射圃地一在關王廟北 祚德廟在四大夫屯相傳宋勑建祀晉大夫知瑩韓厥程嬰公孫杵臼 莊武王廟在北門內唐德宗勑建御製扆扆台銜銘三月八日四方商賈

奏集内有鐵人二長六尺餘行　猗頓廟在王
宮在下任鎮郎王屯牧之處　寮村高𥨊侯廟
在縣東北十五里祀
漢將軍高𥨊侯鄧禹　帝君廟在縣北　魏崔公祠在縣西
門内　關

萬泉縣

風伯雨師廟在孤山栢林峯巔漢光武勅封有司清明
致祭雨旱祈禱輙應金泰和七年修元至
大二年修

薛萬徹祠在縣烏停村宋至和旌忠祠在縣學左祀贈
七年建稷山亦有廟　大興知縣黄連
正德間勅修

河津縣

子夏祠在縣西北辛村里子夏墓側子夏退老寓居西
河之上殁塟此地後人爲立祠芮城靈石俱有

文中子祠在縣南三十里通化村明嘉靖十七年建

薛仁貴祠在縣東十五里大黄村　三賢祠在縣治西南祀卜子夏司馬遷文中子嘉靖二十五年知縣雍焯奉御史俞時楙建

薛文清公祠在縣治南明弘治間奉勅建

解州

張公廟在州西十三里底張村世傳以爲博望侯張騫之廟

三結義廟在州治東北禮賢坊街東春秋上戊日祭

關聖廟在州西門外宋真宗大中祥符勅修歷代重修俱有碑記　國朝康熙四十一年四月初二日

聖駕臨幸解州巡撫噶禮　題奏發帑金一千兩現在興火四十二年十月

工重建　啓聖祠在關廟東掖門内明萬曆十九年潘府建春秋上戊日有司致祭康熙四十一年四月初二日火現在興工重建

柳呂二先生祠在州治北布政司西廓黄慈寺廢址　胡公祠在關聖廟西掖門内祀唐諫議大夫胡証　魏公祠在州東門外關聖廟東祀知州魏養蒙洛陽人丙戌進士春秋戊日致祭

安邑縣

池神廟在鹽池内唐大曆二年建　風洞神廟在池神廟右

條山神廟在鹽池内池神廟左

韓文公廟在縣呂儒村　杜康祠在縣東北三十里中杜里係原籍

夏縣

大禹廟一在縣西十五里禹城中即禹都之舊址青臺上以啓少康配享明萬曆間知縣陳世寶於城中建廟以便瞻謁又蒲州太平猗氏萬泉聞喜平陸芮城絳州稷山垣曲吉州鄉寧等處皆有廟

伯王廟祀禹臣伯益在城西十里下留村五月五日有司致祭如蝗蝻爲患邑人禱之輒應

風王廟在縣南栢塔山清明日有司致祭

巫相廟在縣東五里瑶臺山下祀商相巫咸

昭潤侯廟在城東門外宋崇寧間邑大旱西山頭廟東百餘里麻叉里邑人遇晁錯廟在縣西三十里上晁村旱迎神像以祀之輒應禱巫咸而雨請於朝封今號

陽公廟祀唐諫議大夫陽城在縣南小呂村於張翁廟清明次日致祭廟後有墓馬化龍撰記

在縣西三十里張庄世傳爲仙翁携其媪寓此知縣陳世寶建

溫國公祠祀宋司馬光一在義肩嶺墓旁清明日有司致祭一在學左書院內春秋仲月有司致祭俱廢萬曆十三年巡撫侯公於趙移文復學左祀堂祭

迺蠻公生祠公姓迺蠻名察罕帖木兒字廷瑞元銀青光祿大夫中書平章政事陜西諸道行御史臺中丞於地方有保全捍禦功邑人立祠祀

諸賢令之祠在縣南朱呂里歸暘撰記今廢石碑尚存

祠在北固門內邑人建祀知縣高福楊宜鍾恕徐祚黃棟李仝岳粹王言大岳相季邏齡李溥陳世賓楊溢

王氏世賢祠在城西門內明正德六年巡撫孫養默縣丞張世威邢宗道主簿王相趙金馮符聘姜公洪創建祀翰林王翰長史王勵知府王正歲久圮毀知縣高奎重修

聞喜縣

四聖廟在上鎮祀堯舜禹湯四聖安邑亦有

二帝廟在東鎮

姜嫄廟在縣西北四十里平池村元至元初重修進士張敏撰記　國朝順治九年重修

董父廟在縣倉底村北五代周顯德年建明隆慶六年重修崇禎十四年知縣劉芳久改建

裴晉公祠在香山寺知縣高之恒建　國朝康熙二年知縣李如蘭改大殿向北又裴氏祠堂在縣東五十里裴

柏村故址

趙豐公祠在縣東五十里阜底村明嘉靖二年知縣張問行重修見一統

志

裴趙二公祠在縣東門外明天順間恭政祝顥創建嘉靖四十年御史吳過改金塔寺爲之崇禎

八年都御史吳甡重修

桐鄉畏壘祠在東關祀邑侯任丘史載德盩厔李復聘浩州文作新城王象乾靈壽申田孟津喬

允升六人瞿𤄬衆

有記祠被賊焚毁王公祠在東關祀知縣張公祠在西關祀新城王象乾

知縣三原張耀今爲養濟院

平陸縣

神農廟縣東北五里武王封神農後於焦郎此故有廟

吳泰伯廟在縣治北吳山之麓武王封泰伯後於虞因廟祀焉明洪武二十八年重修稷山亦有

虞芮廟在縣西平陸芮城之界盖祀虞芮二君也唐大中間建元元統間修一統志爲讓畔神祠

宫之奇廟在縣東北六十里辛宫里宋大中祥符三年建元至正間重修見一統志

傅巖祠在縣東商良里聖人澗唐大曆間縣尉李同肇創建見一統志

芮城縣

芮廟在縣西二十里鄭村元進士何南卿刻石

齊太公廟在縣東二十里東吕村南坡下姑神廟在北李吽村志女陵

段干木廟一在縣西北二十三里段村一在縣東十里東張村安邑亦有

六軍廟在縣西二十里鄭村昔秦爲芮敗乃請王師共圍魏時周之六軍按兵不動芮人感之爲立祠

陳侯廟祀漢丞相陳平有三一在縣東北三里廟下村今毀惟餘後寢一在十三里水門村一在十五里洪原村蔡侯廟祀漢蔡邕在城西南三十里張桓侯廟在東嶽廟左

西平王廟在陌底鎮祀唐李晟豐節侯廟在縣西門外勅封萬丁豐節侯禱雨有應

神祠在縣東北三十五里朱陽村相傳陳侯之裔孫率其族人萬丁討羌戎克之漢帝以女妻焉後塟於此乃立祠云

張睢陽祠在縣南門内明崇禎九年山西廵撫吳甡建

三賢祠在東張村舊有廟明嘉靖二十五年重修後地震久毀萬曆四十年趙庭琰重建祀卜子田子段子

張府君祠在縣城中街祀孝孫張元

王莊毅公祠太子太保刑部尚書祠在城東門内明崇禎五年奉勑建春秋致祭

絳州

靈輒廟在城北五里古道口明永樂間建墓亦在此

羊舌廟在州西關見一統志今廢爲迎侯廳

二侯廟宋元豐二年建今圯宋神宗朝詔封晏成信侯杵臼忠智侯

孚惠廟在鼓堆

四瀆行祠在城北澤掌村元延祐元年建

富公祠在州内明成化八年知州言芳建祀宋宰相鄭國文正公富弼弼嘗爲州刺史有美績故立祠

梁公祠一在鼓堆宋嘉祐年建郎中薛宗儒有記一在三林

陶恭介公祠在察院南明嘉靖十一年巡撫都御史王堯封建侍郎江曉有記　韓司空祠在布政司南明嘉靖三十四年巡撫都御史王崇建　陳通判祠在察院西明嘉靖初巡按御史萊陽王秀建

稷山縣

義和廟在縣中舍村元至正十四年建塚郎在其後

后稷廟一在縣南五十里稷神山頂東南有塔鐫后稷明堂字一在縣治西南元至正五年創建見一統志後立姜嫄聖母祠又萬泉安邑夏縣聞喜等縣皆有並春秋致祭

廉頗廟在縣廉城村鄉寧亦有　李牧廟在縣李老村

顯靈真君廟一在縣東門外　三靈侯廟在城隍廟東明一在縣西門内　隆慶元年知縣

孫偕重修

二段祠在縣平隴斛律光祠今入雨花寺碑尚存

何公祠在縣東郭明隆慶三年知縣孫偕重建邑人梁綱記梁公祠在翟店鎮爲知縣梁永淳

建大中丞辛公祠公諱應乾安丘人明萬曆辛巳撫山右稷人德而祀之

絳縣

羊舌大夫廟在縣東范村　絳侯廟推官劉遂初有詩

湫池廟在縣十五里山頂旱禱有應　坤柔廟在縣西五里唐貞觀三十年建祠旁多桃李夏

月荷香繞池甚勝境也元至正四年重修

姜嫄祠在縣南三十里煙庄存雲嶺上有塚元至正七年縣尉郭道遠重修

徐公祠在東關門外西向圖縣父老立　黄公祠一在縣西新庄一在學文昌閣

垣曲縣

大舜廟在瞽塚村上堡一在皐落嶺相傳魯班建

娥皇女英廟在舜王坪

成湯廟登坂峪子下亳磨頭四處俱有禱雨輒應登坂元末明末避亂俱有神護鄉貢士安漢傑庠生高之舒倡募重修　湯妃廟在縣城東　國朝康熙五年知縣祀弘謨重修

河神廟康熙四十四年知縣許穀建在縣東郊

三公祠祀大中丞葉公分巡劉公平陽太守李公　忠烈祠在西關廂祀殉難諸公

霍州

中鎮霍山廟一在城宣化里一在州東南五十里霍山麓唐初建明洪武間有正號御製碑

國朝康熙六年十五年二十三年二十七年三十五年三十六年四十二年俱遣官致祭頒

御書秀峙中區匾額

唐太宗廟在杜庄村 宋老生祠在州東二里許明成化十八年知州鮑克恭建於墓前有

朱張商英詩記存

吉州

盤古廟在州西五里岳家庄

雷神廟在北關外

晉文公廟在錦屏山巔　王眞人祠在曹井村

鄉寧縣

荀息廟在縣東十五里明隆慶五年重修　白起廟在縣西南三十里林山上　亷頗廟在縣南二十里尖山　先皇廟在縣西四十里　陀郎廟在縣東一百里

隰州

子夏祠大安寺左有公所久廢康熙四十六年知州錢以塏建爲祠前作講堂左爲書室俾諸生誦讀其中

子思祠在子夏祠之左知州錢以塏有記

伍員廟在州南六十里作城鎮　曹氏三侯祠在州熟村

龍子湫祠在州東南十里歲以四七月初十日有司致祭

大寧縣

伏羲廟在縣西南二十里　關廟東門内康熙四十五年知縣胡文煥新建樂樓

孔山廟在城北　太尉廟在城南

永和縣

伯王廟在縣南五里　華池廟一在治西郊附龍神廟一在縣南四十里一在縣東二十里

三公祠在公署大門外祀明邑侯冀公國朝梁公及死難賛政鍾云　武公祠在公署大門内

運司

社稷壇在西門外　風雲雷雨山川壇在南門外　厲壇在城北門外

文廟在司治東南隅啓聖祠在明倫堂東偏名宦祠在文廟門內東鄉賢祠在文廟門內西文昌祠在城東北隅

城隍廟在司治北隅寧濟廟在城北五里許祀關張二神以有功於鹽也

關聖廟在司治東黑龍神廟在鹽池東岸后土廟在北門外藥王廟在西門外武廟在北門外演武塲東三聖祠在育材館

表忠祠在東門內明嘉靖二十年御史舒遷爲夏臣關龍逢建忠愛祠在城東門內爲雪窓胡公藎齋王公雪石盧公容堂吳公內賓初公古峯余公瑞石何公見湖陶公建

侍御吳泰軒祠在城東門內明萬曆二十六年商人立

平陽府志卷之十一

戶口

國所與立者民也戶口登耗雖曰天運蓋亦有人事焉
周禮遂大夫以歲時稽夫家之衆寡辨其可任者與其
可施舍者掌其政令禁戒司民掌登萬民之數自生齒
以上皆書於版古王者之於民蓋若是其重也平陽昔
稱蕃庶更明季兵荒洊至力役繁興大抵衰耗矣我
朝定鼎垂七十年太平無事宜乎生聚日衆而版籍所登
不加於前抑且辛未之大祲耗之乙亥之地震又耗之

井墟如故生計蕭然於此而望其袂帷汗雨不大有所休息未易言也拊循鞠育非牧民者之責而誰責與作

戶口志

漢河東郡 戶二十三萬六千八百九十六 口九十六萬二千九百一十二

唐平陽郡 戶六萬四千八百三十六 口四十二萬九千二百二十

宋平陽府 戶一十三萬六千九百三十六 口

明平陽府

洪武年 戶二十萬八千二百一十一 口一百八十四萬七千七百九十

永樂年 戶一十九萬八千二百一十一 口一百六十四萬四千二百八十五

弘治年
戶二十二萬一千二百四十四
口一百九十八萬七千四百四十九

嘉靖年
戶二十萬八千七百八十二
口七十三萬四千三百一十二

萬曆年
戶一十五萬二千五十八
口一百二十一萬二千九百八十二

臨汾縣

洪武年
戶一萬九千七百六十三
口一十萬八百三

萬曆年
戶二萬一千三百七十五
口一十二萬二千三百二十

襄陵縣

洪武年
戶九千六百二十六
口六萬六千八百

萬曆年
戶九千二百七十九
口四萬五千八百四十八

洪洞縣

洪武年戶一萬一千九百九十 口九萬二千八百七十二

萬曆年戶一萬二千三百八十八 口九萬八千八百七十三

浮山縣

洪武年戶 口

萬曆年戶二百一十一 口三千八百七十二

趙城縣

嘉靖年戶四千二百四十八 口三萬六千六百七十

萬曆年戶四千六百五十四 口四萬九千二百八十四

太平縣

洪武年戶六千二百一十三口七萬六千九百七

萬曆年戶六千七百一口四萬七千九十三

岳陽縣

洪武年戶七千九百四十八口八萬六千八百六十七

萬曆年戶一千六百六十八口七千七百二十八

曲沃縣

洪武年戶七千六十七口二十萬二千二百四十二

萬曆年戶八千一百口五萬八千八百二

翼城縣

洪武年戶一萬一千三百五十八　口一十萬四千五百六十一

萬曆年戶四千一百四十七　口四萬四千二百二

汾西縣

洪武年戶一千七百六十三　口二萬六千二百

萬曆年戶一千七百二十六　口二萬三千四百七

靈石縣

洪武年戶　口

萬曆年戶三千五十三　口二萬五百五十七

蒲縣

嘉靖年户一千二百四十九口八千七百九十三

天啟年户一千二百七十二口九千七百一十二

蒲州

洪武年户一萬六百八十五口一十一萬三百四十八

萬曆年户一萬一千一十八口四萬一千六百三十七

臨晉縣

洪武年户七千八百七十一口五萬九千九百七十九

萬曆年户七千八百九十六口六萬六千九百九十六

榮河縣

洪武年 戶五千六十三 口三萬七千六百九十六

萬曆年 戶五千三百九十二 口三萬九千九百七十四

猗氏縣

洪武年 戶一萬二千八百七十 口八萬二千八十四

萬曆年 戶六千四百八十一 口二萬八千九十

萬泉縣

洪武年 戶五千六百一十三 口三萬九千七百七十二

萬曆年 戶四千九百七十四 口二萬三千九百四十五

河津縣

洪武年戶 口

萬曆年戶一千六百 口二萬四千三百八十七

解州

洪武年戶三千五百二十二 口二萬三千三百二十

萬曆年戶四千五百八十 口五萬九百九十八

安邑縣

洪武年戶一萬八千三十三 口六萬二千三百八十一

萬曆年戶一萬四千七百二十九 口五萬八千八百八十

夏縣

洪武年戶九千一百九十口六萬四千八百三十一

萬曆年戶八千六百五十四口六萬八千七百八十二

聞喜縣

洪武年戶八千五百一十口九萬四千六百六十七

萬曆年戶三千二百二十二口三萬三百八十二

平陸縣

洪武年戶三千九百八十七口四萬八千三百二十四

萬曆年戶四千四百七十五口二萬四千五百三十九

芮城縣

洪武年戶四千三百八十七口四萬一百三十八

萬曆年戶四千八百四十一口三萬五千五十二

絳州

洪武年戶六千三百八十口九萬二百六十

萬曆年戶三千六百三十八口四萬四千八百六十八

稷山縣

洪武年戶八千二百三十五口六萬四千三百七十一

萬曆年戶二千八百二十口二萬七千九百二十七

絳縣

洪武年戶五千三百四十
口三萬八千九百六十三

萬曆年戶五千六百三十
口一萬六千七百三十四

垣曲縣

洪武年戶三千三百八十五
口三萬二千三百八十七

萬曆年戶三千六百一十九
口二萬一千二百四十四

霍州

洪武年戶
口

萬曆年戶二千五百五十三
口四萬五千九十六

吉州

洪武年户二千七百八十五
口二萬八百六十九

萬曆年户二千五百一十九
口一萬三千九百三十八

鄉寧縣

洪武年户二千九百
口一萬四千五百二十三

萬曆年户
口

隰州

洪武年户三千七百六十四
口二萬五千九百六十二

萬曆年户一千二百三十四
口二萬二千三百一

大寧縣

洪武年戸 口

萬曆年戸六百九十四 口四千四百二十八

永和縣

洪武年戸一千四百五十七 口一萬五千四百三十九

萬曆年戸五百三 口七千六百六

國朝

平陽府

原額民丁並額外土著新增共五十萬四千七十六丁

半

王田屯丁共一百一十三丁半

康熙四十五年編審

府屬三十四州縣三門九則並土著供丁共人四十八萬五千六十六丁

屯丁二千三百丁半

塩丁九千九百六十五丁半

臨汾縣

三門九則並土著等丁共三萬八千六百五十一丁

屯丁三百一十丁

襄陵縣

三門九則並土著供丁共二萬四千三百一十八丁

洪洞縣

三門九則並土著供丁共三萬七千一百三十一丁

浮山縣

三門九則並土著等丁共七千七十丁

趙城縣

三門九則並土著供丁共一萬六千六百八十八丁

太平縣
三門九則並土著供丁共一萬八千八百九十七丁
塩丁八十七丁
岳陽縣
三門九則並土著供丁共四千三百六十三丁
曲沃縣
三門九則並土著供丁共三萬六千三百六十九丁
翼城縣
三門九則並土著等丁共二萬一千四百八十丁

汾西縣

三門九則等丁共四千二百四十三丁

靈石縣

三門九則並土著供丁共七千九百二十六丁

蒲縣

三門九則並土著供丁共一千二百二十八丁

汾州衛歸併屯田丁一百一十二丁

蒲州

三門九則並土著等丁共二萬九千七百八十八丁

塩丁二千六十二丁

臨晉縣

三門九則並土著供丁共一萬八千四百三十四丁半

屯丁七百三丁

塩丁五百四十八丁

榮河縣

三門九則並土著供丁共一萬二千九百五十一丁

更名屯丁四百五十九丁

塩丁四十六丁

猗氏縣

三門九則並土著供丁共一萬九百九十丁

屯丁六十九丁

鹽丁一千二十二丁

萬泉縣

三門九則並土著供丁共五千二百八十九丁

鹽丁四百一十八丁

河津縣

三門九則並土著供丁共一萬三千四百二十五丁

塩丁五十五丁

解州

三門九則並土著供丁共九千九百一十五丁半

塩丁一千七百八十丁半

安邑縣

三門九則並土著供丁共一萬三千八百一十六丁

屯丁三百六十丁半

塩丁一千四百一丁

夏縣

三門九則並土著供丁共二萬六千五百四十丁

塩丁九百一十三丁

聞喜縣

三門九則並土著供丁共一萬七千七百五丁

屯丁四十九丁

塩丁六百三十三丁

平陸縣

三門九則並土著供丁共五千三百一十三丁

塩丁九十五丁

芮城縣

三門九則並土著供丁共八千八百六十八丁

塩丁九百五丁

絳州

三門九則並土著供丁共二萬二千五百一十六丁

稷山縣

三門九則並土著供丁共二萬四千九百四十二丁

絳縣

三門九則並土著供丁共一萬六千五百七十九丁

屯丁二百三十八丁

垣曲縣

三門九則並土著供丁共四千八百八十五丁

霍州

三門九則並土著供丁共六千四百二十一丁

吉州

三門九則並土著等丁共三千三百六十二丁

鄉寧縣

三門九則並土著等丁共三千七百五丁

隰州

三門九則並土著供丁共八千四百三十丁

大寧縣

三門九則並土著等丁共一千八百五十八丁

永和縣

三門九則並土著供丁共九百六十九丁

此係康熙四十五年編審各州縣册報丁數并優免

人丁在內其額編徭銀總入田賦

平陽府志卷之十二

田賦

歷代取民之制有增無減租庸調變而兩稅賦與役已兼之矣歷宋迄明秋糧夏稅之外復有均徭均徭之外復有銀差力差其他綱踮班匠諸不在二稅之內者征求雖苛條件自別按册而稽猶奐有惡其無藝而惻然議減者若並其名而去之沿習既久視同正供雖有仁人無所用其裒損則日增之勢矣謹按

國朝經制分邑縷載而綴明制於前備叅考焉作田賦志

平陽府總

宋河東路田一十萬二千二百六十七頃三十畝　官田九千四百三十九頃三十畝見催額二百三十七萬二千一百八十七貫石匹兩量斤束　夏税四十萬三千三百九十五貫石匹量兩　秋糧一百九十六萬八千七百九十二貫石匹量兩斤束

明洪武年田地一十六萬八千一百四頃八十二畝二分二釐　夏税二十八萬六千九百八十八石六斗九升六　秋糧九十四萬八千九石九斗一合六勺一抄六撮　秋糧二升九合四勺二抄九撮　桑一十七萬三千五百九十七株　絲一千二百十七斤一十二兩九錢　棗一十萬八千八百二十六株

萬曆年官民田地一十六萬八千六百七十四頃三十四畝八分二釐二毫五絲五忽

夏税二十六萬五千七百七十石九斗九升二合一勺六抄三撮俱折色坐價不等并絲絹共派銀一十

七萬七百二十四兩一分七釐四毫六絲八忽一微
秋糧七十九萬八千八百九十六石五百四十六
八斗四升六合九勺七抄五撮本色石三斗七升
八折色勺七十九萬八千三百五十石四斗六升八合九
合九勺七抄五撮坐價不等并馬草共派銀七十八
萬三千一百九兩二錢九分二釐
七毫七絲三忽九微二纖
屯糧二萬二千三百五十三石五斗六升九合九勺八
抄六圭九粟四粒坐價不等共徵銀一萬七千七
百六十六兩一錢八分一釐五毫
一絲四忽六微二纖
站銀七萬六千五百四十四兩七錢四分
七釐三毫六絲五忽五微七纖一塵
班匠三千八百七十名每名徵銀四錢五分腳價不等
織絡匠六百七十七名每名徵銀四錢七分共銀
二千八十二兩四錢九分二釐四
毫二絲七忽一微八纖三沙三塵

椒棗水磨課鈔銀三兩四錢五分四釐九毫七絲
棗株窰磨課鈔銀四十四兩三錢二分九釐三毫五絲八忽
審定均徭銀二十三萬四千五十二兩七錢五分七釐二毫五絲八忽四纖四沙九塵四渺二埃
銀差銀八萬五千一十兩八錢四分五釐二毫九絲三忽九微三纖三沙九塵四渺
力差銀九萬四千八百八十二兩二分二釐
綱銀四萬六千一百六十四兩二釐四毫六絲一忽一微一纖一沙
鹽鈔銀七千九百九十五兩八錢八分七釐五毫三忽

臨汾縣

官民田八千四百九十七頃四十七畝三分七釐七毫七絲四忽實徵夏秋糧五萬六千八百二石二

斗六合　本色一百二十六石一斗三升三合二勺　折色五萬六千六百七十六石七升三合五勺

坐價不等并絲絹馬草共派銀五萬四千九百七十兩

五錢三釐九毫九絲二忽五微

夏稅　折色麥八千三百五十二石二斗三升九合七勺

坐價不等並絲絹共派銀五千六百兩一錢四分

三釐一毫八絲二忽五微

秋糧　四萬八千四百四十九石九斗六升七合　本色一百二十六石一斗三升三合二勺　折色

四萬八千三百二十三石八斗三升三合八勺坐價不

等並馬草共派銀四萬九千三百七十兩三錢六分九

釐八毫一絲

馬草　九萬七千一百九十九束九分三釐四毫每束徵

銀八分並加徵共派銀八千六百七十八兩八錢

七分四釐七毫二絲

屯糧七百二十八石二斗八升九合七勺一抄每石徵
銀八錢共銀五百八十二兩六錢三分一釐七毫
六絲八忽

站銀四千五百二十三兩九錢四分八釐七毫

課程銀二十六兩三錢七分九釐二毫

班匠銀四百八十七兩五錢二分

審定均徭銀一萬九千三百二十七兩三錢八釐四毫一絲五忽七微二纖二沙

銀差銀七千八百一兩九錢六分九釐九忽六微一纖一沙

力差銀八千二百六十三兩八錢七分二釐

綱銀二千六百七十八兩七錢五分一釐六毫八絲一忽一微一纖一沙

鹽鈔銀五百八十二兩七錢一分五釐七毫二絲五忽

襄陵縣

官民田地四千四百七十四頃三十四畝五分八釐六毫實徵夏秋糧三萬一千九百四十二石八斗七升一合本色二百五十石折色三萬一千六百九十二石八斗七升一合一勺三抄
三抄坐價不等並絲絹馬草共派銀三萬一千七百四兩三錢八分四釐二毫一絲四忽

夏稅折色麥三千三百五十六石四斗三升一合三勺三抄坐價不等並絲絹共派銀二千三百三十一兩九錢二分五釐五毫八忽

秋糧二萬八千五百八十六石本色二百五十石折色二萬八千四斗三升九合八勺内十石

三百三十六石四斗三升九合八勺坐價不等並馬草共派銀二萬九千五百六十七兩四錢五分八釐七毫

六忽

馬草五萬七千二百一十八束九分八釐四毫二絲每束徵銀八分並加徵共派銀五千一百九兩一分八釐七毫三絲六忽

屯糧二百二十九石九斗九升每石徵銀八錢共銀一百八十三兩九錢九分二釐

站銀二千五百三十四兩七錢九分六釐

班匠銀一百二十兩九錢七分八釐七毫七絲三忽

水磨棗株銀七兩八錢三分九釐六毫三忽

審定均徭銀九千五百七十八兩二錢三分八釐五絲八忽九微六纖三沙八塵

銀差銀三千九百五十四兩一錢三分九釐四毫五絲五忽九微六纖三沙八塵

力差銀三千七百二十九兩

綱銀一千五百三十九兩九分七釐二毫五絲

鹽鈔銀三百五十六兩一釐三毫五絲三忽

洪洞縣

官民田地六千三百七頃九畝二分六釐一毫二絲實徵夏秋糧三萬六千七百八十石六斗五升九合八勺二撮本色一百二十石二斗四升四合八勺　折色三萬六千六百六十石四斗一升五合坐價不等並絲絹馬草共泒銀三萬六千八百一十八兩九錢七分八釐三毫六忽一微

夏稅折色麥三千四百九十一石三斗三升七合三勺八抄四撮坐價不等並絲絹共泒銀二千三百七十二兩一錢五分三釐七毫八絲五忽四微

秋糧三萬三千二百八十九石三斗二升二合四勺一抄八撮本色一百二十石二斗四升四合八勺折色三萬三千一百六十九石七升七合六勺一抄八撮坐價不等並馬草共派銀三萬四千四百四十六兩八錢二分四釐五毫二絲七微六纖

馬草六萬六千六百七十一束四釐七毫三絲九忽二微每束徵銀八分並加徵共派銀五千九百五十二兩九錢七分三釐七毫九絲一忽三微六纖

屯糧二百一十三石二斗八升每石徵銀八錢共銀一百七十兩六錢二分四釐

站銀三千二十七兩九分九釐九毫

班匠銀九十七兩三釐五毫四忽

棗株銀六兩八釐三毫四絲

審定均徭銀一萬一千七百二十三兩三分三釐六絲五忽九纖四沙

銀差銀五千七十九兩三錢七分九毫四絲九纖四沙

力差銀四千三百七十四兩八錢

綱銀一千八百一十一兩一錢八分二釐五毫

鹽鈔銀四百五十七兩六錢七分九釐六毫二絲五忽

浮山縣

官民田地三千九百五十三頃四十五畝二分四釐七毫實徵夏秋糧一萬六千七百七十五石九斗四升三合六勺坐價不等並絲絹馬草共泒銀一萬六千九百六十五兩六錢五分三釐二毫八絲五忽

夏稅折色麥六百六十八石七斗六升九合六勺坐價不等並絲絹共泒銀五百四兩三錢二分二毫四

絲五
忽

秋糧折色二萬六千一百七石一斗七升四合坐價不等並馬草共泒銀一萬六千四百六十一兩三錢三分三釐四毫

馬草三萬二千二百一十四束三分五釐八毫毎束徵銀八分並加徵共泒銀二千八百七十六兩三錢八分四釐六毫四絲

屯糧一百三十石六斗三升五合毎石徵銀八錢共銀一百四兩五錢八釐

站銀一千二百八十六兩三錢九分八釐四毫

班匠銀一十四兩二錢二分九釐四毫三絲五忽五微

審定均徭銀二千七百二十三兩三錢三分一釐二毫三絲七忽二微六纖九沙

銀差銀九百七十三兩三分六釐八毫八絲七忽二微六纖九沙

力差銀一千二百一十七兩二錢

綱銀四百一十八兩五錢六分一釐五毫五絲

鹽鈔銀一百一十四兩五錢三分二釐八毫

趙城縣

官民田地三千一百九十六頃五畝九分實徵夏秋糧二萬三千九十四石四斗六升四合五勺一抄五撮本色五十石折色二萬三千四十四石四斗六升四合五勺一抄五撮坐價不等並絲絹馬草共泒銀二萬九百六十五兩一錢四分四釐二毫五絲三忽二微

夏稅折色麥八千一百九十一石三斗六升四合九勺坐價不等並絲絹共泒銀五千五百四十八兩二

錢六分八毫五忽

秋糧一萬四千九百三石九升九合六勺一抄五撮本色五十石折色一萬四千八百五十三石九升九合六勺一抄五撮坐價不等並馬草共派銀二萬五千四百一十六兩八錢八分三釐四毫四絲八忽二微

馬草二萬九千八百六束二分五釐七毫八絲九忽每束徵銀八分並加徵共派銀二千六百六十一兩三錢五分五釐六毫三絲一忽二微

屯糧五百一十五石三斗四升三合二勺二抄每石徵銀八錢共銀四百一十二兩二錢七分四釐五毫七絲六忽

站銀一千八百八十八兩四錢八分三釐九毫

班匠銀五十八兩四分五釐九毫一絲三忽四微

房地窪磨棗株等項課鈔銀四兩六錢四分二釐五絲

審定均徭銀六千四百四十七兩七錢六分七釐七毫二絲七忽

銀差銀二千三百三十七兩三錢一分五釐一毫四絲二忽

力差銀二千六十九兩四錢

綱銀一千八百二十三兩九錢九分八毫七絲五忽

鹽鈔銀二百一十七兩六分一釐七毫

太平縣

官民田地六千二百一十三頃六十一畝七分一釐實徵夏秋糧四萬三千八百七十三石一斗八

升五合三勺五抄俱折色坐價不等並絲絹馬草共派
銀三萬九千四百一十三兩九錢三分一釐二毫八忽
五微

夏稅折色麥一萬六千四十六石四斗四升八合九勺
五抄坐價不等並絲絹共派銀一萬七百六十四
兩一錢五分四釐一
毫四絲二忽五微

秋糧折色二萬七千八百二十六石七斗三升六合四
勺坐價不等並馬草共派銀二萬八千六百四十
九兩七錢七分
七釐六絲六忽

馬草五萬五千六百八十七束八釐四毫二絲每束徵
銀八分並加徵共派銀四千九百七十二兩一錢
六釐七毫
三絲六忽

屯糧二十三石八斗六升五合每石徵
銀八錢共銀一十九兩九分二釐

站銀三千三百六十一兩八錢四分八釐三毫

班匠銀九十五兩一錢六分七釐九毫八絲七忽五微

棗株銀二兩五錢一分

審定均徭銀八千五百五十八兩八錢六分一釐九毫二絲八忽八微六纖九沙

銀差銀三千三百七十二兩五錢七分七釐二毫三忽八微六纖九沙

力差銀二千九百三十一兩一錢六分

綱銀二千一十五兩三錢四釐九毫五絲

鹽鈔銀二百三十九兩八錢二分九釐七毫七絲五忽

岳陽縣

官民田地二千四百五十頃五十畝九分實徵夏秋糧一萬一千二十二石八斗二升四合一勺一抄五撮俱折色坐價不等並絲絹馬草共泒銀一萬五百一兩五錢六釐一毫八絲一忽三微

夏稅折色麥八百七石九斗五合一勺六抄五撮坐價不等並絲絹共泒銀五百五十九兩六錢四分七絲六忽五微

秋糧折色一萬二百一十四石九斗一升八合九勺五抄坐價不等並馬草共泒銀九千九百四十一兩八錢六分六釐一毫四忽八微

馬草二萬四百二十三束五分六釐一毫八絲一忽每束徵銀八分並加徵共泒銀一千八百二十五兩三錢八分四釐九毫四絲四忽八微

屯糧二千四百八十七石一斗七升九合六勺九抄一撮八圭九粒每石徵銀八錢共銀一千九百八十

九兩七錢四分三釐七毫五絲三忽五微一纖二沙

站銀八百四十五兩六錢四分七釐九毫

班匠銀五兩九錢四分七釐六毫五絲

審定均徭銀二千七百九十七兩四錢七分二釐五毫五絲七忽五微五纖

銀差銀九百七十一兩八錢七分二釐九毫七忽五微五纖

力差銀一千四十三兩六錢四分

綱銀七百二十三兩三錢五分五釐二毫五絲

鹽鈔銀五十八兩六錢四釐四毫

曲沃縣

官民田地　六千二百二十頃二十三畆一分二釐實徵夏秋糧四萬三千三百三十八石三斗七合六勺五抄九撮坐價不等並緜絹馬草共派銀四萬九百九十九兩六錢三分八釐三絲五忽三微

夏稅　折色麥一萬四百六十三石四斗九升五合八勺二抄二撮坐價不等並緜絹共派銀七千一百兩一錢六分一釐四毫八絲九忽七微

秋糧　折色三萬二千八百七十四石八斗一升一合八勺四抄七撮坐價不等並馬草共派銀三萬三千八百九十九兩四錢七分六釐五毫四絲五忽六微

馬草　六萬五千七百八十九束六分八毫一絲每束徵銀八分並加徵共派銀五千八百七十四兩二錢八分一釐六毫四絲八忽

屯糧　三百六十五石九升每石徵銀七錢二分七釐三毫八絲六微六沙共銀二百六十五兩五錢五分

九釐五毫三絲

站銀三千三百二十四兩三錢五分六釐

班匠銀五十四兩七錢四分四釐五忽

水磨碾等項課鈔銀四兩六錢一分九釐七毫一絲五忽

審定均徭銀一萬三千八兩七錢三分七釐四毫五絲四忽六微一纖二沙四渺二埃

銀差銀六千三百一十七兩五錢七釐九毫二絲九忽五微一纖二沙四渺二埃

力差銀三千八百一十六兩四錢

綱銀二千三百一十六兩一錢九分七釐八毫

鹽鈔銀五百五十八兩六錢三分一釐七毫二絲五忽

翼城縣

官民田地六千一百六十一頃五十五畝八分六釐四毫實徵夏秋糧三萬七千一百三十三石三升一合六勺五抄俱折色坐價不等並絲絹馬草共派銀三萬六千三百九十兩四錢八釐三毫二絲五微

夏稅折色麥五千三百九十九石一斗一升五抄坐價不等並絲絹共派銀三千七百一十七兩七錢九分九釐九毫七絲二忽五微

秋糧折色三萬一千七百三十三石九斗二升一合六勺坐價不等並馬草共派銀三萬二千六百七十二兩六錢八釐三毫四絲八忽

馬草六萬三千四百六十束二分四釐五毫六絲每束徵銀八分並加徵共派銀五千六百六十六兩一錢四分四釐六毫四絲八忽

屯糧一百一十一石七斗九升八合八勺每石徵銀八錢共銀八十九兩四錢三分九釐四絲

站銀二千八百四十七兩一錢三分一釐一毫六絲五忽五微七纖一塵

班匠銀七十六兩二錢三分一釐八毫二絲五忽

棗株銀三兩七錢三分七釐四絲

審定均徭銀一萬二千三百三十一兩一錢九釐三毫八絲二微八纖

銀差銀五千八百六十兩六錢二分七釐五毫四絲五忽二微八纖

力差銀四千一百六十兩

綱銀一千八百九十九兩九分七釐一絲

鹽鈔銀四百一十一兩三錢八分四釐八毫二絲五忽

汾西縣

官民田地二千九百四十七頃一十九畝七分實徵夏秋糧一萬五千九百七石四斗二升三勺三抄三撮七圭俱折色坐價不等並絲絹馬草共泒銀一萬四千九百七兩七錢七分二釐二毫六絲一忽四微六纖

夏稅折色麥七百二十石七斗二合八勺坐價不等並絲絹共泒銀五百四兩八錢一分四毫五絲二忽五微

秋糧折色一萬五千一百八十六石七斗一升七合五勺三抄三撮七圭坐價不等並馬草共泒銀一萬四千四百二兩九錢六分一釐八毫八忽九微六纖

馬草三萬四百三十七束六分四毫九絲每束徵銀八分並加徵共泒銀二千七百一十七兩七錢四分

三毫九絲二忽

屯糧一百二十八石二斗五升每石徵銀八錢共銀一百二兩六錢

站銀一千二百二十二兩二錢六分四釐三毫

班匠銀八兩六錢四分八釐五毫八絲一忽五微

審定均徭銀二千二百五十七兩九錢七分八釐三毫九絲一忽九微六纖三沙一塵

銀差銀七百一十兩六錢九分六釐八毫九絲六忽九微六纖三沙一塵

力差銀九百五十八兩四錢

綱銀四百八十一兩八錢九分一釐六毫七絲

鹽鈔銀一百六兩九錢八分九釐八毫二絲五忽

靈石縣

官民田地四千三百九十五頃四十三畝七分二釐

夏稅一百八石二斗八升四合三勺折銀八十兩四錢三分七釐五毫六絲五忽四微

秋糧一萬二千八百一十一石九斗六升二合七勺七抄折銀一萬三千七十四兩三錢七分八釐五毫五絲一忽二微

站銀九百九十五兩三錢九釐三毫

課程一百二兩六錢四分七釐三毫五絲

綱銀三百五兩一錢三分

桑五千三百七株共徵銀三十六兩七錢八分七釐四毫六絲二忽五微

棗一千二百六十八株共徵銀六十九兩一錢六釐

水磨四十七盤共銀一十六兩四錢五分

舊磁炭窰二十八座每座二錢四分六釐八毫共銀六兩九錢一分四毫

新磁炭窰三十一座每座徵銀五錢共銀十五兩五錢

鐵爐五十八座共銀二十兩三錢

酒課二十八兩八錢有閏作銀三十一兩二錢

鹽鈔銀一百二兩七錢八釐遇閏加增

屯田米一百七十五石折銀八十七兩五錢

河田中地每畝納價銀五錢六分每年麥租八升折銀六分下地價銀二錢每年麥租三升四合折銀二

分六釐

蒲縣

官民田地一千九百九十三頃二畝六分實徵夏秋糧一萬一千九百九十八石四斗九升七合四勺俱折色坐價不等並絲絹馬草共派銀一萬一千二百七兩八錢三分五毫八絲

夏稅折色麥一千二百二十五石五斗七升五合二勺坐價不等並絲絹共派銀八百三十一兩六錢八釐四絲

秋糧折色一萬七百七十二石九斗二升二合二勺坐價不等並馬草共派銀一萬三百七十六兩二錢二分二釐五毫四絲

馬草二萬一千五百四十四束九分每束徵銀八分並加徵共派銀一千九百二十三兩七錢二分二釐

屯糧軍種八百二十五石七斗三升四合七勺每石徵銀八錢民佃二百九十石五斗四升每石徵銀五錢共銀八百五兩八錢五分七釐七毫六絲

站銀四百六十兩二分九釐六毫

班匠銀七兩二錢八分二釐九毫一絲二忽五微

審定均徭銀二千二十七兩一錢六分七釐六毫九絲二微八纖

錄差銀六百二十兩六錢一分五毫四絲二微八纖

力差銀九百一兩八錢

綱銀四百四十四兩七錢五分四釐七毫五絲

鹽鈔銀六十兩二釐四毫

蒲州

官民田地八千三十八頃一十八畝八分五釐六毫七絲八忽實徵夏秋糧六萬一千八百九十六石一斗八勺一抄五撮俱折色坐價不等並絲絹馬草共派銀五萬九千四十六兩八錢九分四釐八忽七微

夏稅折色麥一萬二千四百三十一石四斗六升九合五勺八抄八撮坐價不等並絲絹共派銀八千二百四十九兩三錢五分四釐四毫七絲三微

秋糧折色四萬九千四百六十四石六斗三升一合二勺二抄七撮坐價不等並馬草共派銀五萬七百九十七兩五錢三分九釐五毫三絲八忽四微

馬草九萬九千八十六束八分九釐三毫七絲一忽每束徵銀八分並加徵共派銀八千八百四十七兩三錢三分七釐四毫九絲六忽八微

屯糧一十九石八斗二升二合每石徵銀八錢共銀一十五兩八錢五分七釐六毫

站銀五千八十四兩二錢二分一釐四毫

班匠銀一百二十一兩四錢一分五釐三毫五絲三忽五微

審定均徭銀一萬三千三百六十七兩二錢二分四釐八毫四絲三忽二微八纖七沙

銀差銀四千七百四十三兩七錢一分八釐六毫一絲八忽二微八纖七沙

力差銀五千八百五十九兩

綱銀二千四百二十兩七錢五分七釐三毫

鹽鈔銀三百四十三兩七錢四分八釐九毫二絲五忽

臨晋縣

官民田地七千八百一十七頃五十九畝五分一釐三毫六絲實徵夏秋糧五萬八千九百五十七石二斗八升六勺俱係折色坐價不等並絲絹馬草共派銀五萬六千三十一兩七分一釐四毫四絲五忽

夏稅折色麥一萬一千九百四十四石一斗四升二勺坐價不等並絲絹共派銀七千七百九兩四錢八分七釐七毫六絲五忽

秋糧折色四萬七千一十三石一斗四升四勺坐價不等並馬草共派銀四萬八千三百二十一兩五錢八分三釐六毫八絲

馬草九萬四千四十六束二分每束徵銀八分並加徵共派銀八千三百九十七兩二錢七分六釐

屯糧一萬一十五石五斗四升八合六抄六撮六圭二粒五粟每石徵銀八錢共銀八千一十二兩四錢三分八釐四毫五絲三忽三微

站銀四千五百二十一兩四錢八分七釐六毫

班匠銀八十六兩四錢三分六釐九毫九絲

審定均徭銀八千二百七兩四錢三分八釐八毫七絲二忽九微二纖五沙

銀差銀二千八百九十六兩三錢三分八釐九毫七絲二忽九微二纖五沙

力差銀三千四百八兩六錢

綱銀一千六百五十兩五錢二分一釐五絲

鹽鈔銀二百五十一兩九錢七分八釐八毫五絲

榮河縣

官民田地五千一十四頃四十八畝八分二釐實徵夏秋糧三萬四千四百九十七石三斗四升二

合六勺俱折色坐價不等並絲絹馬草共派銀三萬一千一百六十四兩八錢六分七釐四毫七絲七忽五微

夏稅折色六千九百三十七石五斗九升三合七勺坐價不等並絲絹共派銀四千四百一十六兩二錢四分六釐四毫九絲七忽五微

秋糧折色米豆共二萬七千五百五十九石七斗四升八合九勺坐價不等並馬草共派銀二萬六千七百四十八兩六錢二分九毫八絲

馬草五萬五千一百一十九束五分五毫每束徵銀八分並加徵共派銀四千九百二十一兩五錢六分四毫

站銀二千七百三十八兩八錢九分二釐六毫

班匠銀三十九兩六錢五釐一毫四絲七忽六纖二塵

審定均徭銀五千九百二十七兩三分四釐二絲七忽八微五纖二沙四塵

銀差銀一千九百四十八兩一錢七分四釐一毫七忽八微五纖二沙

力差銀二千三百五十九兩七錢六分

綱銀一千三百五十六兩八錢四分八釐七毫二絲

鹽鈔銀二百六十二兩二錢五分一釐二毫

猗氏縣

官民田地五千二百八十九頃五十七畝七分實徵夏秋糧四萬六百二十七石八斗六升九合九勺九抄五撮俱折色坐價不等並絲絹馬草共派銀三萬八千三百四十九兩九錢四分六釐七毫一絲九忽六微

夏稅折色麥八千一百四十一石三斗三升五合九抄坐價不等並絲絹共派銀五千二百六十兩七錢六分二釐八毫一絲四忽

秋糧折色三萬二千四百八十六石五斗三升四合九勺五撮坐價不等並馬草共派銀三萬三千八十九兩一錢八分三釐九毫五忽六微

屯糧七百九十二石二斗八升七合七勺每石徵銀八錢共銀六百三十三兩八錢三分一毫六絲

站銀三千三十四兩五錢一分

班匠銀三十五兩三分四毫五絲七忽

審定均徭銀七千一百七十兩三錢八分四釐六毫三絲三忽四微一纖七沙零

銀差銀二千四百四十三兩一錢五分八釐三毫八絲二忽四微一纖七沙五塵

力差銀二千九百七兩

綱銀一千六百八兩三錢七分六毫七絲五忽

鹽鈔銀二百一十一兩八錢五分五釐五毫七絲五忽

萬泉縣

官民田地五千一百一十一頃六十六畆五分五釐五毫實徵夏秋糧二萬八千四百九十二石八斗九升二合八勺俱折色坐價不等並絲絹馬草共派銀二萬五千四百二兩一錢六分八毫六絲七忽七微

夏稅折色麥五千六百九十三石八斗五升九合四勺八抄坐價不等並絲絹共派銀三千六百六十一兩九錢一釐八毫四絲五微

秋糧折色二萬二千七百九十九石三升三合三勺二抄坐價不等並馬草共派銀二萬一千七百四十

兩二錢五分九釐二絲七忽二微

馬草四萬五千五百九十八束二釐四毫六絲四忽每束徵銀八分並加徵共派銀四千七十一兩三錢九分四釐九毫七絲一忽二微

屯糧一百六十九石四斗六升三合一勺七抄四撮二圭六粒每石徵銀八錢共銀一百三十五兩五錢七分五毫三絲九忽四微八沙

站銀二千四十五兩九錢三分七釐五毫

班匠銀三十二兩三錢一分六釐六毫九忽六微三纖

審定均徭銀四千五百八十四兩二錢七分五釐六毫三絲三忽一微四纖五沙

銀差銀一千六百八兩三錢四分八釐三毫六絲三忽一微四纖五沙

力差銀二千一百七十兩八錢

綱銀六百六十九兩八錢一分七釐五毫七絲

鹽鈔銀一百三十五兩三錢九釐七毫

河津縣

官民田地四千八百一十一頃二十六畝三分八釐一毫實徵夏秋糧三萬六百六十七石五斗九升一合五勺一抄三圭俱折色坐價不等並絲絹馬草共派銀二萬二千三百七十二兩一錢九釐一毫七絲一忽一微二纖

夏稅折色麥六千二百一十四石二斗六升七合九勺八抄八撮九圭坐價不等並絲絹共派銀三千二百五十九兩七錢五釐二毫一絲四忽

秋糧折色二萬四千四百五十三石三斗二升三合五勺二抄一撮四圭坐價不等並馬草共泒銀一萬九千一百一十二兩四錢三釐九毫五絲七忽一微二纖

馬草四萬八千九百六束六分四釐七毫五絲坐價不等並加徵共泒銀三千二百二十五兩五錢一分九毫二絲

屯糧六百八十一石八斗四升六合九勺一抄八撮每石徵銀八錢共銀五百四十五兩四錢七分七釐五毫三絲四忽四微

站銀二千三百五十一兩六錢二分七釐

班匠銀一百六兩五錢一分四釐一毫九忽

審定均徭銀六千七百六十兩二錢二分五釐六毫九絲七忽九微八纖

銀差銀二千二百六十七兩三錢六分
六釐九絲七忽九微八纖六沙
力差銀二千七百八
十六兩四錢
綢銀一千四百五十五兩
五錢八分四釐六毫
鹽鈔銀二百五十兩八
錢七分五釐
解州
官民田地二千八百六頃六十畆六分三釐四絲七忽
實徵夏秋糧一萬九千五百二十九石八斗
三升二合八勺俱折色坐價不等並絲絹馬草共派銀
一萬七千五百五十九兩三錢一分五釐五絲四忽
夏稅折色麥六千八百五十五石六斗二升四合五勺
坐價不等並絲絹共派銀四千五百八兩九錢一
分九釐
四毫

秋糧折色一萬二千六百七十四石二斗八合三勺坐價不等並馬草共派銀一萬三千五十兩三錢九分五釐六毫五絲四忽

馬草二萬五千四百八束四分四釐八毫八絲每束折銀八分並加徵共派銀二千二百六十八兩六錢九分六釐九毫四忽

屯糧五十七石每石徵銀八錢共銀四十五兩六錢

站銀一千二百四十兩七錢八分一釐七毫

班匠銀一十兩九錢三分四釐七毫二忽五微

審定均徭銀四千四百七十二兩三錢一釐二毫七絲一忽九微一纖二沙

銀差銀六百一十七兩八錢九分七釐七毫一絲一忽九微一纖二沙

力差銀二千九兩四錢

綱銀一千七百五十八兩七錢八分二釐二毫七絲五忽

鹽鈔銀八十六兩二錢二分一釐二毫八絲五忽

安邑縣

官民田地六千七百九十三頃一十五畝一分九釐五毫實徵夏秋糧五萬三千五百八十九石五斗六升一合八勺俱折色坐價不等並絲絹馬草共派銀四萬七千七百五兩八錢一釐三絲二忽五微

夏稅折色麥二萬三千三百二十七石一斗四升六合四勺坐價不等並絲絹共派銀一萬三千三百八十二兩五錢九分五釐九毫八絲二忽五微

秋糧折色三萬三千二百六十二石四斗一升五合四勺坐價不等並馬草共派銀三萬四千三百二十

三兩二錢五釐五絲

馬草六萬六千五百四十四束八分五釐四毫每束徵銀八分並加徵共派銀五千九百四十一兩七錢八釐三毫二絲

屯糧一十九石二斗每石徵銀八錢共銀一十五兩三錢六分

站銀四千二十五兩二錢九分五釐九毫

班匠銀八十一兩三分二釐五毫五絲三忽

棗株水磨課鈔銀一兩六錢

審定均徭銀一萬三千二百一十兩七錢二釐一毫三絲九忽九微二纖六沙

銀差銀三千九百七十一兩一錢一毫六絲四忽九微二纖六沙七塵

力差銀五千四百五十三兩八錢

綱銀三千三百一十五兩五錢一分一釐七毫

鹽鈔銀四百七十兩二錢九分二毫七絲五忽

夏縣

官民田地七千七十一頃九十八畝七分五釐九毫實徵夏秋糧四萬五千一百五十四石七升二合三勺俱折色坐價不等並絲絹馬草共派銀三萬七千一百九十四兩九錢二分七釐七毫七絲一忽五微

夏稅折色共二萬七千四十石一斗二合七勺坐價不等並絲絹共派銀一萬八千三百五十四兩三錢七分四毫七絲七忽五微

秋糧折色一萬八千一百一十三石九斗六升九合六勺坐價不等並馬草共派銀一萬八千八百四十

兩五錢五分七釐
二毫九絲四忽

馬草三萬六千二百二十七束九分二毫八絲每束徵
銀八分並加徵共派銀三千二百三十四兩七錢
三分四釐二
毫二絲四忽

屯糧二百一十九石五升每石徵銀八
錢共銀一百七十五兩二錢四分

站銀三千四百六十二兩
三錢五分八釐八毫

班匠銀五十一兩四錢三
分六釐二毫五微

棗株銀二兩四錢六
分一釐五毫

審定均徭銀一萬二千五百六兩四錢五分
五釐六毫九忽四微八纖五塵

銀差銀四千五百一十一兩九錢三分
六釐六絲九忽四微八纖五塵

力差銀四千九百五兩三錢

綢銀二千六百六十三兩六錢八分五釐三毫六絲五忽

鹽鈔銀四百二十五兩五錢三分四釐一毫七絲五忽

聞喜縣

官民田地九千三十頃九十八畝四分一釐二毫七絲六忽實徵夏秋糧五萬四千九百八十七石一斗八勺俱折色坐價不等並絲絹馬草共泒銀四萬七千九百九十五兩八錢四分七釐五毫六絲

夏稅折色麥二萬一千四百九十七石七斗一升一合三勺二抄坐價不等並絲絹共泒銀一萬三千八百七十三兩八錢八分六釐九毫四絲

秋糧折色三萬三千四百八十九石三斗八升九合五勺八抄坐價不等並馬草共泒銀三萬四千一百

二十一兩九錢六
分六毫一絲六忽

馬草共六萬六千九百四十三束一分七釐一毫四絲
坐價不等並加徵脚價共泒銀五千九百兩二錢
五分八釐五
毫五絲二忽

屯糧二千七十六石八斗每石徵銀八錢
共銀一千六百六十一兩四錢四分

站銀四千五百七十
兩二錢三分

班匠銀四十九兩五錢八分
八釐五毫六絲九忽

棗株課鈔銀二兩四錢六
分二釐五毫

審定均徭銀九千二百三十三兩四錢一分三釐八毫
七絲八忽七微三纖七沙五塵

銀差銀三千二百四十兩七錢五分二釐二
毫七絲八忽七微三纖七沙五塵

力差銀三千八百五十二兩六錢

綱銀一千七百五十五兩五錢二分五釐三毫五絲

鹽鈔銀三百八十四兩五錢三分六釐二毫五絲

平陸縣

官民田地四千九百二頃一十二畝七分五釐實徵夏秋糧二萬六千三百五十四石六斗二合八勺俱折色坐價不等並絲絹馬草共派銀二萬四千二百八十四兩五錢三分四釐一絲二忽五微

夏稅折色麥七千九百二十九石六升四合八勺坐價不等並絲絹共派銀五千二百一十六兩六錢一分七釐一毫三絲二忽五微

秋糧折色一萬八千四百二十五石五斗三升八合坐價不等並馬草共派銀一萬九千六十七兩九錢

一分六釐八毫八絲

馬草三萬六千八百五十一束六毫每束徵銀八分並加徵共泒銀三千二百九十兩三錢八分五釐四毫八絲

屯糧三百四十三石六斗六升每石徵銀八錢共銀二百七十四兩九錢二分八釐

站銀二千五十七兩九錢五分八釐五毫

班匠銀五十八兩七錢三釐七毫五絲一忽

審定均徭銀七千五百三十兩七錢一分八釐八毫五絲一忽一微

銀差銀一千六百六十四兩二錢二釐四毫七絲六忽一微

力差銀三千六百九十六兩二錢

絹銀二千一十九兩七分一釐一毫七絲五忽

鹽鈔銀一百五十一兩二錢四分四釐二毫

芮城縣

官民田地四千八百七十五頃五十一畝二分實徵夏秋糧二萬六千八百九十五石八斗二合一勺俱折色坐價不等並絲絹馬草共派銀二萬四千七十兩六錢三分三釐七毫五絲八忽

夏稅折色麥一萬八百五十七石五斗三升九合七勺坐價不等並絲絹共派銀七千四百一十二兩二錢三分六釐五毫一絲

秋糧折色一萬六千三十八石二斗六升二合四勺坐價不等並馬草共派銀一萬六千六百五十八兩三錢九分七釐二毫四絲八忽

馬草三萬二千一百四十八束四分九釐三毫六絲每
　束徵銀八分並加徵共泒銀二千八百七十兩四
　錢九分二釐四
　毫八絲八忽

站銀二千四十七兩九
　錢七分九釐八毫

班匠銀三十五兩五錢
　二分七毫三微

棗株銀一兩九
　錢九分

審定均徭銀五千二百七十八兩五錢三釐四
　毫六絲九忽二微一纖八沙五塵

銀差銀一千四百三十五兩四錢二分一釐
　二毫一絲九忽二微一纖八沙五塵

力差銀二千九百
　七十八兩

綱銀六百六十八兩九錢五
　分九釐四毫二絲五忽

鹽鈔銀一百九十六兩一錢
二分二釐八毫二絲

絳州

官民田地六千三百二十八頃七十三畝九分三釐實
徵夏秋糧四萬二千一百一十五石九升三
合二勺九抄二撮俱係折色坐價不等並絲絹馬草共
派銀三萬七千七百八十九兩一錢三釐一毫一絲四
忽六微
八纖

夏稅折色麥一萬五千七百八十八石四斗二升九合
一勺七抄七撮坐價不等並絲絹共派銀一萬六
百一十五兩九錢二分九
釐九毫三絲六忽二微

秋糧折色二萬六千三百二十六石六斗六升四合一
勺一抄五撮坐價不等並馬草共派銀二萬七千
一百七十三兩一錢七分三
釐一毫七絲八忽四微八纖

馬草五萬二千七百三束四分四釐三毫四絲五忽六微每束價銀八分並加徵共派銀四千七百五兩八錢三分一釐四毫七絲六忽四微八纖

站銀三千四百一十九兩三錢九分七釐四毫

班匠銀一百一十六兩一錢六分一釐九毫三絲六忽五微

水磨棗株課鈔銀二兩一錢八分八釐九毫二絲

審定均徭銀九千一十五兩四分八毫九忽七微六纖七沙二塵

銀差銀三千九百六十七兩二錢一分八釐五毫九忽七微六纖七沙二塵

力差銀二千七百三十九兩六錢

綱銀一千七百八十三兩五錢八釐八毫七絲五忽

鹽鈔銀五百二十四兩七錢一分三釐四毫二絲五忽

稷山縣

官民田地七千一百八十七頃四十八畝四分二釐六毫實徵夏秋糧五萬三千九百八十九石一斗一升二合九勺二抄六撮俱係折色坐價不等並絲絹馬草共派銀三萬五千三百兩四錢六分五釐六毫八絲二忽二微

夏稅折色麥一萬三千四百九十一石二斗五升三合二勺八抄八撮坐價不等並絲絹共派銀五千四百九十四兩五錢三釐九毫八絲七忽八微

秋糧折色米豆四萬四百九十七石八斗五升九合六勺三抄八撮坐價不等並馬草共派銀二萬九千八百五兩九錢六分一釐六毫九絲四忽四微

馬草八萬一千三十一束七分五釐七毫三絲坐價不等並加徵共派銀四千九百七十九兩六錢六分七釐五毫八絲四忽

屯糧一百一十石七斗六升五合二勺每石徵銀八錢共銀八十八兩六錢一分二釐一毫六絲

站銀二千四百七十二兩四錢三分六釐四毫

班匠銀六十一兩五錢五分四釐一毫二絲八忽

椒棗銀一兩二錢六分六釐五絲

審定均徭銀八千一百七十九兩三分八毫六絲四忽九微二沙

銀差銀三千八兩九錢八分八釐八絲九忽九微二沙

力差銀三千四百七十八兩四錢

䌷銀一千四百二十六兩三錢七分八釐八毫

鹽鈔銀二百六十五兩二錢六分三釐九毫七絲五忽

絳縣

官民田地三千八百九十頃五十一畝六分實徵夏秋七撮俱係折色坐價不等並絲絹馬草共泒銀二萬六千九百六十二兩五錢八分二毫一絲六忽二微

糧二萬九千一十一石二斗四升六勺八抄

夏稅折色麥八千一百七十八石七斗九升五合五勺五撮坐價不等並絲絹共泒銀五千四百二十五兩九分二釐五毫五絲五微

秋糧折色二萬八百三十二石四斗四升五合一勺八抄二撮坐價不等並馬草共泒銀二萬一千五百三十七兩四錢八分七釐六毫六絲五忽六微

馬草四萬一千七百四十八束八分四釐八毫每束徵銀八分並加徵共派銀三千七百二十七兩七錢七釐八毫四絲

屯糧五百四十八石一斗九升八合每石徵銀八錢共銀四百三十八兩五錢五分八釐四毫

站銀二千五百四兩六錢三釐四毫

班匠銀四十八兩七錢九釐五毫一絲三忽七微九纖二沙

審定均徭銀四千四百七十五兩三錢九分九釐六毫三絲五忽七微

銀差銀一千五百九十七兩五錢三分一釐八毫五絲五忽七微

力差銀二千八十一兩六錢

綱銀五百八十五兩一錢九分六釐七毫八絲

鹽鈔銀二百一十一兩七分一釐

垣曲縣

官民田地六千三百四頃七十九畝六分八釐一毫實徵夏秋糧一萬六千五百六十石二斗六升九合三勺俱係折色坐價不等並絲絹馬草共泒銀一萬五千五百三十九兩八錢三分一釐七毫三絲六忽五微

夏稅折色麥三千三百一十三石七斗五升六合八勺坐價不等並絲絹共泒銀二千二百一十九兩二錢五分六釐一毫三絲二忽五微

秋糧折色一萬三千二百四十六石五斗一升二合五勺坐價不等並馬草共泒銀一萬三千三百二十兩五錢七分五釐六毫四忽

馬草二萬六千五百二十六束六分一釐五毫八絲每束徵銀八分並加徵共派銀二千三百六十八兩五錢三分一釐二毫六絲四忽

屯糧一百五十二石七斗五升六合七勺六抄每石徵銀八錢共銀一百二十二兩二錢五釐四毫八忽

站銀六百三十五兩六錢二分三毫

班匠銀一十八兩六錢五分九釐一毫

審定均徭銀三千一百九十六兩一錢八分四釐四毫一絲五忽三微八纖三沙

銀差銀一千一十六兩八錢二分八釐六絲五忽三微八纖三沙

力差銀一千五百四十五兩四錢五分

綱銀五百三十六兩七錢九分五釐四毫五絲

鹽鈔銀九十七兩一錢一分九毫

霍州

官民田地二千八百五十七頃六十一畝九分六釐實徵夏秋糧一萬四千九百一十九石九斗三勺俱折色坐價不等並絲絹馬草共派銀一萬五千八十六兩六錢六分八釐五毫四絲

夏稅折色麥九百二十八石七斗七升一合坐價不等並絲絹共派銀七百五十一兩五絲

秋糧折色一萬三千九百九十一石一斗二升九合三勺坐價不等並馬草共派銀一萬四千三百三十五兩六錢六分八釐四毫九絲

馬草二萬八千三十九束六釐六毫每束徵銀八分共銀二千五百三兩五錢七分七釐二毫八絲

屯糧一百五十一石三斗五升七合四抄每石徵銀八錢共銀一百二十一兩八分五釐六毫三絲二忽

站銀一千二百五十四兩三分八釐三毫

班匠銀一十七兩九錢一分五釐二毫六絲八忽一塵

棗株窰磨課鈔銀六兩四錢五分八釐六毫一絲

審定均徭銀四千四百六十九兩六錢四分五釐九毫四絲一忽八微二纖二沙

銀差銀一千四百二十二兩九錢五分四釐九毫五絲一忽八微二纖二沙二塵

力差銀一千四百九十一兩六錢

綱銀一千四百四十八兩八錢二分三毫五絲

鹽鈔銀一百六兩二錢七分六毫四絲

吉州

官民田地二千八百七十一頃六十二畝五分八釐五毫實徵夏秋糧一萬五千二百一十石五斗二升四合三抄俱折色坐價不等並絲絹馬草共派銀一萬二百三十一兩五錢一分八釐八絲一忽五微

夏稅折色麥二千五百三十三石三斗四升三合四勺坐價不等並絲絹共派銀一千一百七十六兩八錢四分八釐四毫一絲七忽五微

秋糧折色一萬二千六百七十七石一斗八升六勺三抄坐價不等並馬草共派銀九千五十四兩六錢六分九釐六毫六絲四忽

馬草二萬五千四百九十二束七分三釐五毫坐價不等並加徵共派銀一千七百三十一兩七錢七分二毫四絲

屯糧五百九十八石九升每石徵銀八錢共銀四百七十八兩四錢七分二釐

站銀五百八十五兩九錢三分八釐八毫

班匠銀二十兩二分八釐二毫九絲四忽

審定均徭銀二千六百四兩五錢一分三釐三毫九絲二忽五微四纖四沙

銀差銀六百二十六兩六錢三分三釐五絲二忽五微四纖四沙

力差銀一千三百五十六兩六錢

綱銀五百七十三兩六錢四分七釐三毫四絲

鹽鈔銀四十七兩六錢三分三釐

鄉寧縣

官民田地四千二百四頃五十七畝九分實徵夏秋糧二萬二千三十四石七斗六升三合九勺俱

折色坐價不等並絲絹馬草共泒銀一萬三千六百三十三兩四錢八釐五毫三絲五忽

夏稅折色麥四千三百二十三石五斗八升三合三勺坐價不等並絲絹共泒銀一千八百一十四兩七錢四分四釐七毫一絲五忽

秋糧折色一萬七千七百一十一石一斗八升六勺坐價不等並馬草共泒銀一萬一千八百一十八兩六錢六分三釐八毫二絲

馬草三萬五千四百七十二束八分坐價不等並加徵共泒銀一千九百四十六兩一分九釐

站銀八百四十六兩八錢五分五毫

班匠銀五兩四錢六分二釐二毫五絲二忽

審定均徭銀二千七百六兩一錢一分四釐六毫九絲七忽四微五纖六沙五塵

銀差銀八百九十四兩一錢九分五釐一毫二絲二忽四微五纖六沙五塵

力差銀一千二百三十九兩四錢

綱銀五百一十七兩八錢一分二釐七絲五忽

鹽鈔銀五十四兩七錢七釐五毫

隰州

官民田地四千一十九頃三十五畝實徵夏秋糧二萬五百五石一斗八升四合九勺四抄五撮俱係折色坐價不等並絲絹馬草共派銀一萬八千四百八十兩一錢七分五釐四毫九絲七忽五微

夏稅折色麥四千三百七十六石六斗四升九合四勺二抄五撮坐價不等並絲絹共派銀二千八百四十二兩四錢八分四釐六毫八絲七忽五微

秋糧折色一萬六千一百二十八石五斗三升五合五勺二抄坐價不等並馬草共派銀一萬五千六百三十七兩六錢九分八毫一絲

馬草三萬二千二百九十三束一分七毫三絲每束價銀八分並加徵共派銀二千八百八十三兩四錢一分八釐五毫八絲四忽

屯糧二百五十八石七斗二升九合每石徵銀八錢共銀二百六兩九錢八分三釐二毫

站銀七百八十七兩一錢八釐一毫

班匠銀二十九兩一錢七分五釐七毫六絲六忽五微

窐磨棗株銀二十一兩一錢二分一毫二絲二忽

審定均徭銀四千一百七十二兩六錢六分三釐七毫一絲九忽四微四纖六沙

銀差銀一千三百四十五兩六錢九分二釐四毫一絲九忽四微四纖六沙五塵

力差銀二千六十六兩二錢

綱銀六百二十七兩九錢一分一釐八毫

鹽鈔銀一百三十二兩八錢五分九釐五毫

大寧縣

官民田地一千六百九十六頃八畝一分實徵夏秋糧一萬五百四十一石一斗七合七勺二撮俱係折色坐價不等並絲絹馬草共派銀九千三百二兩二錢四分一釐五毫九絲八忽四微

夏稅折色麥二千二百三石五斗二升四合二勺六抄六撮坐價不等並絲絹共派銀一千四百四十七兩四錢五毫七絲九忽六微

秋糧折色八千三百三十七石五斗八升三合四勺二抄六撮坐價不等並馬草共派銀七千八百五十四兩九錢四分一釐一絲八忽八微

馬草一萬六千六百九十三束八分六釐五毫五絲每束徵銀八分並加徵共派銀一千四百九十兩五錢七分九釐二毫四絲

屯糧四十三石九斗五升內每石徵銀八錢三十三石九斗五升每石徵銀五錢一十石共銀三十二兩一錢六分

站銀四百四兩四錢二分七毫

班匠銀四兩九分六釐六毫九絲六忽五微

審定均徭銀二千一百五十一兩一錢六分九釐七毫五絲九忽三微八纖七沙五塵

銀差銀六百三十二兩一錢六分七釐四毫八絲四忽三微八纖七沙五塵

力差銀一千七十一兩六錢

綱銀三百八十四兩七錢六分七釐一毫五絲

鹽鈔銀六十二兩六錢三分五釐一毫二絲五忽

永和縣

官民田地二千五百七十五頃九十三畝一分實徵夏秋糧一萬二千九百六十三石四升四合五勺四抄一撮俱係折色坐價不等並絲絹馬草共派銀一萬七百七十八兩三錢三分四釐六毫三絲六忽一微

夏稅折色麥二千八百七十三石八斗六升三合一勺一抄一撮坐價不等並絲絹共派銀一千七百二

十八兩八錢一分八毫三絲四忽一微

秋糧折色一萬八十九石一斗八升一合四勺三抄坐價不等並馬草共派銀九千四十九兩五錢二分三釐八毫二忽

六釐二毫四絲八忽

馬草二萬二百四十七束四分九釐三毫一絲坐價不等並加徵共派銀一千七百一十一兩九錢五分

屯糧四十五石五升每石徵銀八錢共銀三十六兩四分

站銀四百九十八兩三錢一分一釐九毫

班匠銀一十八兩一錢九分七釐六毫四絲

審定均徭銀一千九百二十六兩七錢三釐九毫七絲八忽七微八纖七沙五塵

銀差銀五百七兩六錢六分二釐九毫三忽七微八纖七沙五塵

力差銀一千兩六錢四分

綱銀三百七十一兩三錢四分九釐一毫五絲

鹽鈔銀四十七兩五分一釐九毫二絲五忽

國朝

平陽府總

原額各色共地一十六萬八千一百四十五頃五十四畝七分零共徵糧一百六萬一千八十九石九斗五升一合零除蠲免荒地外

實在民田各色不等共地一十二萬八千三百七十三頃九十畝九分六釐零實額徵折色銀九十

四萬四千六百一兩九錢六分零又徵本色共糧三千二百九十四石八升九合零

屯田共地並開墾隱漏二千七百六十七畝一分四釐零額徵折色共銀七千三百七分三釐零又徵本色糧四百九十一石九斗四升一合零

順治七年起至康熙三十九等年止查出隱漏並河灘更名開墾各民田共地一萬八千六百七頃四十八畝二分三釐零共徵銀九萬二千三百六十三兩一錢七分六釐零又徵本色糧一百一十五石四斗五升八合零又徵本色穀二千二十石四斗一升六合零

人丁共四十七萬一十五丁共徵均徭地差銀二十四萬六千八百五十九兩六錢三分七釐零

屯丁共二千一百八十八丁徵徭銀四百三十九兩五錢七分四釐零

鹽丁　共九千九百七十四丁半徵徭銀五千九百三十九兩三錢五分零

商稅酒課匠價棗株課鈔銀　共六千六十八兩五釐零

額外加徵工費銀　共八百八兩七錢六分八釐零

以上共徵折色銀一百三十萬五千六十七兩一錢三分七釐零內除鹽院裁省經書廩費銀一百四十七兩一錢

實該銀一百三十萬四千九百二十兩三分七釐零

內扣除蒲縣永和縣不敷裁扣銀一百八十七兩二錢仍經費不敷存留銀六百八十九兩五錢四分四

䜹零　又徵本色糧三千九百一石四斗八升八合

零

起觧司道府銀共一百二十一萬三千九百五十一兩一錢二分零

留支驛站官俸役食銀共九萬九百六十八兩九錢一分七䜹零

額外

本府東關稅課司每年應徵戶部商稅銀九百五十五

兩一錢一分二䜹四季起觧

臨汾縣

所載人丁係實在行差丁數優免人丁在外故與戶口志所載丁數不符

原額各色共地八千四百九十七頃四十七畝三分七釐零共徵糧五萬六千八百二石二斗六合零除豁免荒地外

實在民田上水稻水井平坡灘七則共地七千四百八頃九十四畝四分五釐零額徵折色共銀五萬七千一百九十一兩四錢八分八釐零又徵本色粟米並粳米改徵粟米二千二百八十五石八斗七升七合零

屯田上中下各色共地二百五頃二畝四分五釐額徵折色銀四百一十四兩四分五釐零共徵屯米改徵黑豆五百六石一斗八升五合零

順治七年起至康熙十六年止查出隱漏及墾荒更名各民田共地七百五十三頃三十一畝六分九釐零額徵折色銀五千三百九十兩三錢八分五釐零

人丁共三萬七千七百五十六丁共徵均徭地差銀二萬二百八十二兩九錢一分四釐零

屯丁三百一十丁徵徭銀六十八兩五錢六分零

商稅酒課匠價棗株銀共四百五十五兩五錢五分零

額外加徵工費銀六十兩四錢六分八釐零

以上地丁共徵銀八萬三千八百六十三兩四錢一分四釐零本色粟米並粳米改徵粟米共二千二百八十五石八斗七升七合零改徵黑豆五百六石一斗八升五合零

起解司道府銀共七萬六千九百一十四兩六分七釐零

留支驛站官俸役食銀共六千九百四十九兩三錢三分六釐零

未墾荒地三百三十五頃二十一畝一分零

襄陵縣

民田水官民雷沒平山坡沙鹹九則共地四千四百七十四頃三十四畝五分八釐零額徵折色共銀三萬八千二百六兩三錢二分三釐零又徵本色粳米二百五十石

屯田水平坡沙各色共地三十四頃七十三畝二分額徵折色銀一百八十三兩九錢九分二釐

康熙十六年清出隱漏並河灘塞地共二十八頃八十二畝三分九釐零額徵折色銀一十三兩九錢九分二釐零共徵穀一百八石六斗六升三合零

人丁共二萬三千九百五十八丁徵均徭並地差共銀一萬八兩四錢八分五釐零

商稅酒課匠價棗株銀共三百七十八兩九錢二分八釐零

額外加徵工費銀共三十三兩八錢六分二釐零

以上地丁共徵折色銀四萬八千八百二十五兩六錢二分八釐零又徵本色粳米二百五十石改徵粟米三百七十五石本色穀一百八石六斗六升三合零

起解司道府銀共四萬六千三百三十一兩七錢五分零

留支驛站官俸役食銀共二千四百九十三兩八錢七分八釐零

洪洞縣

民田稻水平鹹坡灘六則共地六千二百八十九頃七十六畝一分二釐零額徵折色銀四萬四千六百一兩一錢七分三釐零　又徵本色粳米一百二十石二斗四升四合零小麥六百五十一石六斗三升六合零

屯田水平鹹坡灘各色共地五十四頃四十一畝二分一釐零額徵折色銀四十七兩三分六釐零又徵本色粟米一百五十四石四斗八升四合

順治十三年起至康熙十六年止查出隱漏及墾荒更名各民田共地一百六十六頃一十二畝二分二釐零額徵折色銀四百三十八兩八錢四分四釐

又徵本色穀一百五十一石二斗七升粳米一十一石八升七合零

人丁共三萬六千六百九丁徵均徭地差銀一萬二千二百八十八兩一錢四分三釐零

商税酒課匠價棗株銀共四百七兩六分零
額外加徵工費銀四十一兩九錢二分五釐
以上地丁共徵折色銀五萬七千八百二十四兩一
錢八分五釐零又徵本色粳米一十一石八升七合
零粳米改徵粟米一百八十石三斗六升七合零本
色穀一百五十一石二斗七升粟米一百五十四石
四斗八升四合零小麥改徵黑豆九百七十七石四
斗五升五合
觧司道府銀零共五萬三千四百四十兩一錢七分一釐

留支驛站官俸役食銀共四千三百八十四兩一分四釐零

浮山縣

原額各色共地三千九百五十三頃四十五畝二分四釐零共徵糧一萬六千七百七十五石九斗四升三合零除蠲免荒地外

實在民田水川平坡山五則共地二千四百四十五頃五十八畝八分一釐零額徵折色銀一萬四千一百二十八兩四錢七分九釐零

屯田上中下各色共地三十二頃八十畝二分額徵折色銀一百四兩五錢八釐

順治十二年起至康熙十六年止查出隱漏及更名開墾各民田共地一千一百七十九頃七十七畝七分二釐零額徵折色共銀四千七百九十九兩六

錢九分九釐零

人丁共六千八百四十八丁額徵均徭地差銀三千一百一十八兩三錢二釐零

商稅酒課匠價銀共二十六兩九分三釐

額外加徵工費銀一十五兩三錢一分八釐零

以上地丁共徵銀二萬二千一百九十二兩四錢四釐零

解司道府共銀一萬九千九百二兩四錢一分三釐零

留支驛站官俸役食銀共二千二百八十八兩九錢九分一釐零

未墾荒地五百四十三頃八十畝七分三釐零

趙城縣

民田稻水平坡鹹五則共地二千七百一十七頃七十畝二分四釐額徵折色銀二萬二千九百一十七兩四錢六分八釐零又徵本色粳米五十石

屯田水平坡各色共地一百二十九頃一十五畝六分七釐零額徵折色銀四百一十二兩二錢七分四釐零

順治十年起至康熙十六年止查出隱漏開墾各民田共地四百七十九頃九畝三分三釐零額徵折色銀二千七百二十三兩九錢一分六釐零

人丁共一萬六千三百三十四丁共徵均徭並地差銀六千八百九十兩六錢二分八釐零

商稅酒課匠價筐磨棗株銀共一百二十三兩四錢二分四釐零

額外加徵工費銀二十二兩五錢七分五釐

以上地丁共徵折色銀三萬三千九十兩二錢八分

九釐零又徵本色粳米五十石改徵粟米七十五石

起解司道府共銀三萬四百一十一兩四錢一分一釐

零

留支驛站官俸役食銀共二千六百七十八兩八錢七

分八釐零

太平縣

民田稻葦平坡沙五則共地五千五百七十頃三十五

畝八分九釐零額徵折色銀四萬四千二百七十

五兩九錢三分三釐零

屯田中色共地四頃七十七畝八分額徵折色銀一十

九兩九分二釐

順治九年起至康熙十六年止查出隱漏及墾過民田共地六百五十三頃六畝三分零額徵折色銀四千一百六十四兩八分四釐零
人丁共一萬八千七十六丁額徵均徭銀九千五百一十七兩九錢三分三釐零
鹽丁共八十七丁額徵均徭銀一十七兩二錢七分二釐零
商稅酒課匠價棗株銀共一百六十五兩三錢一分三釐零
額外加徵工費銀三十六兩二錢八分一釐零
以上地丁共徵折色銀五萬八千一百九十五兩九錢一分四釐零
起觧司道府共銀五萬三千六百九十七兩六錢六分五釐零

留支驛站官俸役食銀共四千四百九十八兩二錢四分九釐零

岳陽縣

原額各色共地二千四百五十頃五十畝九分共徵糧一萬一千二十二石八斗二升四合零除蠲免荒地外

實在民田水平坡陡四則共地八百八十四頃三十八畝三分三釐零額徵折色銀五千二百三十七兩八錢六釐零

屯田下地並康熙元二三年開墾過荒地共四百九十二頃五十四畝八分八釐零額徵折色銀一千一百二十二兩九錢七分三釐零

順治十五年起至康熙十六年止查出隱漏及開墾更

名各民田共地七百二頃八十五畝五分四釐零額徵折色銀二千一百六十二兩二錢二分八釐零

人丁共四千一百四十五丁共徵徭銀九百六十兩四錢八分零

商稅酒課匠價銀共三十九兩八分二釐

額外加徵工費銀八兩六分二釐零

以上地丁共徵折色銀九千四百七十六兩六錢三分五釐零

起解司道府共銀七千九百七十八兩三錢一分七釐零

留支驛站官俸役食銀共一千四百九十八兩三錢一分八釐

未墾荒地一千五頃八十七畝五分六釐零

曲沃縣

民田水平坡鹹灘五則共地六千二百二十頃二十三畝一分二釐零額徵折色銀四萬九千九百二十四兩八錢二釐零

屯田水平坡灘各色共地八十四頃三十七畝二分一釐額徵折色銀二百六十五兩五錢五分九釐零

康熙十六年查出隱漏並更名河灘地共二十三頃六十八畝三分九釐零額徵折色銀八十四兩五錢二分一釐零

人丁共三萬五千二百五丁共徵徭銀一萬四千七十八兩八錢七分六釐零

商税酒課匠價水碾磨課銀共二百八十六兩八錢三分五釐零

額外加徵工費銀四十九兩九錢八分七釐零

以上地丁共徵折色銀六萬四千六百九十兩五錢

八分六釐零內除鹽院裁省經書廪費銀一百四十

七兩一錢外實該銀六萬四千五百四十三兩四錢

八分六釐零

起觧司道府共銀五萬九千三百八十四兩一錢七分

八釐零

留支驛站官俸役食銀共五千一百五十九兩三錢八

釐零

翼城縣

民田水平葦坡沙鹹山七則共地六千一十二頃八十

二畆八分零額徵折色銀四萬三千九百四十一

兩九錢六分六釐零

屯田上中下各色共地二十六頃六十九畝二分五釐零額徵銀八十九兩四錢三分九釐零

順治九年起至康熙十六年止查出隱漏及開墾各民田地共一百八十七頃二十二畝八分一釐零額徵銀一千八十一兩八錢四分八釐

人丁共二萬五百一十六丁額徵均徭銀一萬三千三百二十二兩三錢八分五釐零

商稅酒課匠價棗株銀共二百六十六兩一錢二分一釐零

額外加徵工費銀三十二兩二錢五分

以上地丁共徵銀五萬八千七百三十四兩一分二釐零

起觧司道府銀共五萬五千九百三十四兩四錢八分八釐零

留支驛站官俸役食共銀二千七百九十九兩五錢二分四釐

汾西縣

原額各色共地二千九百四十七頃一十九畝七分零共徵糧一萬五千九百七石四斗二升零除

蠲免荒地外

實在民田水雷平坡四則共地一千三百九十七頃一十六畝六分六釐額徵銀九千四百四十六兩五錢二分七釐零

屯田下地三十八頃四十二畝七分額徵銀一百二兩六錢

順治十五年起至康熙十六年止查出隱漏及開墾河

灘各民田共地九十三頃七十七畝三分二釐零額徵銀四百五十四兩六錢七釐零又徵本色穀一十石一斗八升五合

人丁共四千二十九丁額徵均徭銀二千三百五十七兩五錢二分七釐零

商稅酒課匠價共銀二十八兩八錢九分三釐

額外加徵工費銀八兩六分二釐零

以上地丁共徵銀一萬二千三百九十八兩二錢一分九釐零又徵本色穀一十石一斗八升五合

起解司道府共銀一萬八十六兩四分七釐零

留支驛站官俸役食共銀二千三百一十二兩一錢七分二釐零

未墾荒地一千四百五十八頃八十五畝四釐零

靈石縣

民田水平原坡山五則共地一千八百一十九頃九十一畝七釐零額徵折色銀一萬四千四百五兩一錢六釐零

屯田共地五十三頃四十畝三分一釐零額徵折色銀一百五十二兩七分六釐零

順治八年起至康熙十六年止查出隱漏及墾過民田共地七百二十三頃五十八畝八分七釐零額徵折色銀二千一百二十一兩五錢三分一釐零

人丁共七千四百丁額徵均徭銀四千四百七十七兩六錢五分四釐零

商稅酒課匠價共銀四十七兩四分二釐

額外加徵工費銀一十五兩三錢一分八釐零

以上地丁共徵折色銀二萬一千二百一十八兩七

錢二分三釐零

起解司道府共銀一萬八千六百七十八兩五分九釐

零

留支驛站官俸役食共銀二千五百四十兩六錢六分

四釐零

蒲縣

原額各色共地一千九百九十三頃二畝六分共徵糧

一萬一千九百九十八石四斗九升七合零

除豁免荒地外

實在民田平坡二則共地五百六十六頃四十一畝九

分五釐額徵折色銀四千一百二十三兩四

錢六分八釐零

順治十七年起至康熙三年止開墾過民田並更名下地二十頃

三十七畝額徵折色銀六十一兩八錢七分四釐零

人丁共一千一百二十一丁徵均徭銀一千七百九十

八兩一分五釐零

商稅酒課匠價共銀三十兩四錢九分七釐

額外加徵工費銀五兩六錢四分三釐零

以上地丁共徵折色銀六千一十九兩四錢九分九

釐零

尚少經費不敷銀內除去不敷裁扣銀九十八兩四

錢外仍該經費不敷銀三百七十八兩九錢五釐零

起解司道府共銀五千一百一兩八錢二分八釐零

尙少經費不敷銀内除去不敷裁扣

銀九十八兩四錢

留支官俸役食等銀一千二百九十六兩五錢七分六

釐零内缺額不敷銀三百七十八

兩九錢五釐零實留支銀九百一十七兩六錢七分一

釐零

汾州衛歸併本縣屯田並節年開墾共地二百八十五

項一十六畝三分七釐零額徵

折色銀三百八十三兩六錢八分零

屯丁共一百一十二丁共徵徭銀二十四兩六錢三分

九釐零

未墾荒地一千四百六項二十三畝六分零

蒲州

民田 葦水平坡鹹五則共地七千九百六十六頃九十一畝四分二釐額徵折色共銀七萬五百九十七兩七錢五釐零

屯田 共地五頃四十三畝額徵折色銀一十五兩八錢五分七釐

順治十六年起至康熙十六年止查出隱漏及開墾更名河灘各色民田 共地三百四十七頃五畝八分六釐零額徵折色共銀九百七十一兩八錢七分一釐零又徵本色糧七百四十七石二斗六升二合零

人丁 共二萬九千四十五丁共徵均徭銀一萬四千三百九十三兩五錢四分九釐零

鹽丁 共二千六十二丁徵徭銀九百一十九兩三錢六分三釐零

商稅酒課匠價等項共銀三百四十五兩五錢五分五釐零

額外加徵工費銀三十四兩六錢六分八釐零

以上地丁共銀八萬七千二百七十八兩五錢六分八釐零　本色穀改徵粟米六十二石三斗二升二合又本色穀六百一十六石三斗九升一合

起解司道府銀共八萬一千三十一兩三錢二分七釐零

留支驛站官俸役食銀共六千二百四十七兩二錢四分零

臨晉縣

原額各色共地七千八百一十七頃五十九畝五分零共徵糧五萬八千九百五十七石二斗八升

零除蠲免荒地外

實在民田　華平坡全荒灘五則共地六千三百項六十三畝九分一釐零額徵折色共銀五萬四千二百八十八兩六分五釐零

順治七年起至康熙三十一年止查出隱漏更名開墾過民田　共地二千五百四頃四十八畝三分九釐零共徵銀一萬一千四百二十二兩八分六釐零又徵本色糧五斗又穀四百四十五石九斗六升九合零

人丁　共一萬七千九百五十四丁半共徵均徭地差銀九千一百二十五兩九錢二分五釐零

屯丁　共七百三丁徵徭銀九十二兩四錢九分七釐零

鹽丁零　共五百五十七丁徵銀二百一兩三錢一分二釐

商稅酒課匠價等項共銀一百五十九兩九錢九分一釐零

額外加徵工費銀三十二兩二錢五分

以上地丁共銀七萬五千三百二十二兩一錢四分零又本色糧五斗又穀四百四十五石九斗六升九合零

起解司道府共銀六萬九千六百三十九兩七錢二分二釐零

留支驛站官俸役食等銀五千六百八十二兩四錢一分四釐零

榮河縣

未墾荒地六百三頃九十四畝九分二釐零

原額各色共地五千一十四頃四十八畝八分零共徵糧三萬四千四百九十七石三斗四升二合零除蠲免荒地外

實在民田平坡沙瘠難五則共地三千九百二十四頃一十四畝九釐零額徵折色銀二萬八千六百八十兩七錢八分四釐零

順治十年起至康熙三十五年止查出隱漏及墾荒更名各民田共地四百二十四頃四十四畝二分零額徵折色銀二千八百四十六兩九分零又徵本色穀一十石黑豆一百一十九石九升

人丁共一萬二千六百三十一丁共徵均徭地差銀六千五百五十三兩一錢六分八釐零

更名屯丁共四百五十九丁共徵徭銀一百一十五兩五錢三釐零

鹽丁　共四十六丁共徵徭銀一十兩八錢二分一釐零

商稅酒課匠價共銀　五十三兩七錢八分八釐

額外加徵工費銀　二十兩一錢五分六釐零

以上地丁共徵銀三萬八千二百八十兩三錢一分

零又徵本色穀一十石黑豆一百一十九石九升

起觧司道府共銀　三萬六千五百二十二兩七錢一分五釐零

留支驛站官俸役食共銀　一千七百五十七兩五錢九分五釐零

未墾荒地　五百九十七頃三十八畝六分零

猗氏縣

原額各色共地五千二百八十九頃五十七畝七分共徵糧四萬六百二十七石八斗六升九合零

除蠲免荒地外

實在民田平坡花鹻三則共地四千六百二十六頃四十一畝一分五釐零額徵折色銀四萬九百三十五兩五錢九分零

屯田上中下各色共地三百一十四頃一十六畝二分五釐零額徵折色銀六百三十三兩八錢三分零

順治十二年起至康熙十六年止查出隱漏及墾荒更名各民田共地四百六十六頃一十九畝四分七釐零額徵折色銀三千一百三十六兩八錢一分七釐零

人丁共一萬四百一十丁徵均徭地差銀五千三百四十一兩四錢七分六釐零

屯丁　共六十九丁徵徭銀一十五兩二錢
鹽丁　共一千二十二丁徵徭銀五百一十一兩
商稅酒課匠價共銀　一百一十九兩三分八釐
額外加徵工費銀　三十兩六錢三分七釐零
以上地丁共徵折色銀五萬七百二十三兩五錢九
分二釐零
起觧司道府銀　共四萬九千二百八十八兩一錢零
留支官俸役食銀　共一千四百三十五兩四錢九分二
釐零
未墾荒地　三百二十一頃五十一畆零

萬泉縣

原額各色共地五千一百一十一頃六十六畝五分零共徵糧二萬八千四百九十二石八斗九升二合零除蠲免荒地外

實在民田水平坡瘠四則共地二千九百三十三頃八十六畝八分二釐零額徵折色銀一萬八千五百三十九兩六分六釐零

屯田下地九十四頃五十四畝八分二釐零額徵折色銀三百一十九兩五錢四分一釐零

順治十五年起至康熙十二年止查出隱漏及開墾各民田共地一千四百八十六頃四十七畝一分二釐零共徵銀七千三百九十三兩九錢七分七釐零

人丁共四千九百七十七丁徵均徭地差銀四千八百一十一兩五錢五分八釐零

鹽丁四百一十八丁徵銀六十七兩八錢

商稅酒課匠價銀共五十一兩三分六釐

額外加徵工費銀二十一兩七錢六分八釐零

以上地丁共徵銀三萬一千二百四兩七錢五分一

釐零

起解司道府銀二萬九千九百八十七兩九錢四分

留支官俸役食等銀一千二百一十六兩八錢一分一

釐

未墾荒地八百九十六頃八畝二分零

河津縣

民田 上中下三則各色共地四千七百四十七頃五十九畝三分零額徵折色銀二萬八千八百二十兩八錢四分五釐零

屯田 上中下各色共地三十七頃二十二畝四分六釐額徵銀一百七十二兩一錢八分六釐零

康熙十六年查出隱漏並河灘地 共六十八頃二十一畝一分九釐零額徵折色銀一百九十六兩三分七釐零又徵本色穀四十石七斗八升六合

人丁 共一萬二千九百四十八丁共徵均徭銀七千六百四十兩一錢二分三釐零

鹽丁 五十五丁共徵均徭銀二十兩三錢七分一釐零

商稅酒課匠價等項銀 共一百五十二兩三錢一分三釐

額外加徵工費銀 二十二兩五錢七分五釐

以上地丁共銀三萬七千二十四兩四錢五分四釐
零　又徵本色穀四十石七斗八升六合

起解司道府銀　共三萬五千二百九十一兩六分三釐零

官俸役食等項銀　共一千七百三十三兩三錢九分一釐零

解州

民田　上中下三則共地二千八百六頃六十畝六分三釐零額徵折色銀二萬一千三百二十七兩九錢九分二釐零

屯田　共地一十一頃二十畝額徵折色銀四十五兩六錢

康熙十六年查出隱漏民田　共地五頃八十三畝五分二釐零共徵銀二十六兩

七分五釐零

人丁共九千六百八十丁半共徵均徭地差銀五千三百二十九兩八分九釐零

鹽丁一千七百八十丁半徵徭銀八百七十九兩五錢六分七釐

商稅酒課匠價銀共八十三兩五錢五分八釐

額外加徵工費銀一十九兩三錢五分

以上地丁共徵銀二萬七千七百一十一兩二錢三分四釐零

起解司道府銀共二萬六千四百八十兩一錢五分三釐零

留支官俸役食等銀共一千二百三十一兩八分一釐

安邑縣

原額各色　共地六千七百九十三頃一十五畝一分零

共徵糧五萬三千五百八十九石五斗六升

一合零除蠲免荒地外

實在民田　葦水平坡沙鹹石子抄没民官九則共地四

千八百九十四頃八十畝三分七釐零額徵

折色銀四萬一千三百二十五兩八錢三分一釐零

屯田　下地三頃六十五畝額徵折色銀一十五兩三錢

六分

順治十三年起至康熙四十年止查出隱漏及墾荒更

名各民田　共地九百二十四頃四十畝三分零額徵折

色銀六千二百七十二兩二錢八分七釐零

又徵本色穀八石二斗七升四合

人丁共一萬三千二百七十三丁共徵均徭地差銀一萬三千七十一兩九錢六分七釐零

屯丁共三百六十丁半徵徭銀八十七兩一錢一分七釐零

鹽丁一千四百一丁徵徭銀一千五百七十六兩九錢三分四釐零

商稅酒課匠價窰磨棗株銀共二百九十七兩八錢八分三釐零

額外加徵工費銀四十兩三錢一分二釐

以上地丁共徵折色銀六萬二千六百八十七兩六錢九分八釐零　又徵折色穀八石二斗七升四合零

起觧司道府共銀五萬六千五十五兩四錢七分二釐零

留支驛站官俸役食銀共六千六百三十二兩二錢一分九釐零
未墾荒地二百八十七頃八十二畝零
夏縣
原額各色共地七千七十一頃九十八畝七分零共徵糧四萬五千一百五十四石七升二合零除
蠲免荒地外
實在民田平坡沙三則共地六千八十六頃五十八畝九分五釐零額徵折色銀四萬一千四百八十三兩六錢九分七釐
屯田上中下各色共地六十二頃五十六畝八分二釐額徵折色銀一百七十五兩二十五兩二錢四分零

順治十二年起至康熙十六年止查出隱漏及墾過民

田共地四百九十四頃九畝四分七釐零額徵折色銀

二千七百二十九兩八釐零

人丁共二萬六千三十二丁徵徭銀一萬三千五百四

十兩三錢四分六釐零

鹽丁九百一十三丁共徵徭銀四百八十九兩五錢四

釐零

商稅酒課匠價棗株銀共一百八十一兩四錢四分九

釐零

額外加徵工費銀二十八兩二錢六分九釐

以上地丁共徵折色銀五萬八千六百二十七兩五

錢二分五釐

起觧司道府銀共五萬六千一百七十二兩八錢七釐

零

留支官俸役食銀二千四百五十四兩七錢一分三釐零

未墾荒地六百一頃二十九畝四分零

聞喜縣

原額各色共地九千三十頃九十八畝四分零共徵糧五萬四千九百八十七石一斗八勺除蠲免荒地外

實在民田稻葦平坡山淨水六則各色共地七千六百七十一頃二十五畝四分五釐零共徵折色銀五萬二千二百六十四兩六錢九分五釐零

屯田上中下各色共地四百五十七頃八十一畝五分零共折銀一千三百八十九兩九錢七分八釐零

順治十六年起至康熙十六年止開墾屯田共地四十四頃一十

一畆二分零共徵折色銀一百三十三兩二錢四分三釐零

順治八年起至康熙三十七年止查出隱漏更名開墾各色民田共地四百五十八頃九十四畆三分零共徵折色銀二千二百六十五兩二錢八分八釐零

人丁共一萬七千三百五十五丁共徵均徭銀一萬六百一十九兩二錢一分一釐零

屯丁四十九丁共徵徭銀一十兩二分

鹽丁共六百三十三丁共徵均徭銀六百七十三兩二錢三分三釐零

商稅酒課匠價棗株銀共一百六十兩八錢六分四釐零

額外加徵工費銀二十五兩八錢

以上地丁共徵銀六萬七千五百四十二兩二錢四分二釐零

起解司道府共銀六萬二千二百三十兩四錢五分零

留支驛站並官俸役食銀五千三百一十一兩七錢九分二釐零

未墾荒地一千一百一十頃四十九畆六分零

平陸縣

原額各色共地四千九百二頃一十二畆七分零共徵糧二萬六千三百五十四石六斗二合零除

豁免荒地外

實在民田水平坡沙四則共地一千八百二十八頃九十一畆三分七釐零額徵折色銀一萬一千

二百一兩二錢九分二釐零

屯田　各色共地六十一頃一畝二分一釐額徵折色銀一百五十三兩三錢九分二釐零

順治十三年起至康熙十六年止開墾過　共地七頃二十二畝徵折色銀一十七兩八錢九分七釐零

順治八年起至康熙十六年止查出隱漏及開荒更名各民田　共地六百一十六頃九十七畝四分六釐零額徵折色銀二千三百一兩三錢二分三釐

人丁　共四千九百二十一丁徵均徭地差銀四千九百四十七兩六錢五釐零

鹽丁　九十五丁共徵徭銀四十二兩九錢四釐零

商稅酒課匠價銀　共一百九兩四錢九分二釐

額徵工費銀一十七兩七錢三分七釐零
以上地丁共徵折色銀一萬八千七百九十一兩六錢五分零
起觧司道府共銀一萬七千三百四十二兩四錢一分九釐零
留支驛站官俸役食銀一千四百四十九兩二錢三分一釐零
未墾荒地二千五百四十一頃九十六畝二分零

芮城縣

原額各色共地四千八百七十五頃五十一畝二分共徵糧二萬六千八百九十五石八斗二合零
除蠲免荒地外

實在民田水平坡沙山五則共地四千四百五十四頃六十六畝一分六釐零額徵折色銀二萬七千七百一十六兩五錢九分一釐零

順治九年起至康熙十六年止查出隱漏及墾過民田共地三百二十二頃一畝三分八釐零額徵折色銀一千八百三十二兩四錢一分七釐零又本色穀二百六石九斗一升四合

人丁共八千五百四十八丁額徵均徭銀五千八百二十七兩二錢一分一釐零

鹽丁共九百五丁額徵均徭銀五百二十九兩二錢七分零

商稅酒課匠價共銀一百九兩三錢六分八釐

額外加徵工費銀一十六兩九錢三分一釐零

以上地丁共銀三萬六千三十一兩七錢九分三釐
零
起觧司道府共銀三萬四千三百二十四兩九錢六分二釐零
留支驛站官俸役食共銀一千七百六兩八錢三分二釐零
未墾荒地一百七十九頃八十七畝五分五釐零
絳州
民田稍葦井平坡砂六則共地五千七百六十六頃七十四畝五分四釐零額徵折色銀四萬二千四百一十三兩九錢六分六釐零
順治九年起至康熙十六年止查出隱漏及墾過民田

更名河灘共地九百二頃八十畝六釐零額徵折色銀五千九百九十六兩九錢二釐零又本色穀一百三十三石五斗九升二合五勺

人丁共二萬一千六百六丁共徵均徭銀一萬八百六十九兩九錢八分九釐零

商稅酒課匠價水磨棗株共銀五百兩八分四釐零

額外加徵工費銀三十二兩二錢五分

以上地丁共銀五萬九千八百一十三兩一錢九分六釐零

起觧司道府共銀五萬七千五百二十四兩五錢四分三釐零

留支驛站官俸役食共銀二千二百八十八兩六錢五分三釐零

稷山縣

原額各色共地七千一百八十七頃四十八畝四分零
共徵糧五萬三千九百八十九石一斗一升
二合零除蠲免荒地外

實在民田稻平坡沙四則共地五千四百五頃二十七
畝七分三釐零額徵折色銀三萬一千八百
四十二兩二錢三分三釐零

屯田沙地二十七頃九十五畝五分三釐額徵折色共
銀八十八兩六錢一分二釐零

順治八年起至康熙十六年止查出隱漏開墾河灘等

各色共地一千五百六十三頃三十三畝七分六釐額
徵折色銀一萬五百二十一兩八錢八分三釐零
又徵本色穀一百七十一石二斗八升

人丁　共二萬四千五百七十四丁額徵均徭銀八千六百四十五兩三分六釐

商稅酒課匠價椒棗　共銀九十七兩三錢四分八釐零

額外加徵工費銀　三十六兩二錢八分一釐零

以上地丁共銀五萬一千二百三十一兩三錢九分

七釐又徵本色穀一百七十一石二斗八升

起解司道府銀　共四萬九千七百八十一兩一錢八分五釐零

留支驛站官俸役食銀　共一千四百五十兩二錢一分二釐零

未墾荒地　四百五十三項一十六畝二分零

絳縣

原額各色共地三千八百九十頃五十一畆六分共徵糧二萬九千一十一石二斗四升零除蠲免

荒地外

實在民田水平坡三則共地三千七百三十二頃九畆五分二釐零額徵折色銀三萬一千五百七十五兩五錢一分九釐零

屯田下色共地一百三十七頃一十八畆九分五釐零額徵折色銀四百三十九兩六釐零

順治十六年起至康熙十六年止查出隱漏及墾過民田共地四百八十頃九畆五分四釐零額徵折色銀一千一百一十七兩八分四釐零

人丁共一萬六千一百五十七丁額徵均徭並地差銀四千八百八兩六錢八分二釐零

屯丁二百三十八丁徵徭銀五十兩六錢八分

商稅酒課匠價銀共八十四兩一錢三分三釐

額外加徵工費銀一十五兩三錢一分八釐零

以上地丁共銀三萬八千九十兩四錢二分八釐零

起解司道府銀共三萬六千二百四十兩六錢九分零

留支驛站官俸役食銀共一千八百四十九兩七錢三分八釐零

未墾荒地八十頃五十七畝八分零

垣曲縣

原額各色共地六千三百四頃七十九畝六分零共徵糧一萬六千五百六十石二斗六升九合零

除蠲免荒地外

實在民田水平坡沙瘠五則共地一千二百三十五頃六十八畝四分七釐零額徵折色銀五千二百四十九兩三分七釐零

屯田共地八頃九十七畝七釐零額徵折色銀一十九兩四錢五分二釐零

順治十二年起至康熙二十一年止查出隱漏及墾過民田共地五百九十九頃六十六畝六分八釐零額徵折色銀二千二百二十二兩七錢七分六釐零

人丁共四千五百六十五丁額徵均徭地差銀共三千四百九十三兩六錢五分零

商稅酒課匠價銀共三十兩四錢九分八釐零

額外加徵工費銀一十六兩九錢三分一釐零

以上地丁共徵折色銀一萬一千三十二兩三錢四

分九釐零

起解司道府銀共九千八百二十八兩七分一釐零

留支官俸役食銀一千二百四兩二錢七分八釐

未墾荒地四千六百五十九頃九分零

霍州

原額各色共地二千八百五十七頃六十一畝九分六釐共徵糧一萬四千九百一十九石九斗三勺除蠲免荒地外

實在民田水平坡泒四則共地二千四百頃六十八畝三分二釐零額徵折色銀一萬五千五百七十六兩六錢九分五釐零

屯田　共地五十五頃六十四畒六分零額徵折色銀一百二十一兩八分五釐零

順治八年起至康熙二十四年止查出隱漏及墾過民田　共地三百七十四頃一十六畒九釐零額徵折色銀一千五百九十一兩四錢二分八釐零

人丁　共六千一百二十三丁額徵均徭並地差共銀五千三百三十四兩八錢六分零

商稅酒課匠價棗株銀　共一百一十兩一分二釐零

額外加徵工費銀　一十四兩五錢一分二釐零

以上地丁共銀二萬二千七百四十八兩六錢零

起觧司道府銀　共二萬二百六十一兩六錢八分九釐零

留支驛站官俸役食銀　共二千四百八十六兩九錢三釐零

未墾荒地　四百六十三頃九十一畝四分零

吉州

原額各色　共地二千八百七十一頃六十二畝五分八釐共徵糧一萬五千二百一十石五斗二升四合零除蠲免荒地外

實在民田　平坡葦川四則共地九百八十四頃八十一畝四分八釐額徵折色銀四千三百二十八兩七錢八分八釐零

屯田　山坡共地八十八頃二十二畝八分額徵折色銀二百八十三兩九錢三分五釐零

順治十五年起至康熙二年止開墾過屯田　共地二十六頃三十畝五分二釐折色銀九十二兩一錢二分一釐零

順治十三年起至康熙二十九年止查出隱漏開墾等項共地四百七十八頃八十九畝二分零額徵折色銀一千七百九兩四錢八分七釐零

人丁共三千一百四十三丁共徵均徭銀三千三百九十三兩四分零

商税酒課匠價銀共五十八兩二錢九分零

以上地丁額徵共銀九千八百六十五兩六錢七分零

起觧司道府銀共八千七百二十八兩六錢五分三釐零

官俸役食等項銀共一千一百三十七兩一分七釐零

未墾荒地一千四百四十三頃五十二畝一分零

鄉寧縣

原額各色共地四千二百四頃五十七畝九分共徵糧二萬二千三十四石七斗六升三合零除蠲免荒地外

實在民田平原平坡沙石三則共地一千一百五十頃七十九畝一分七釐零額徵折色共銀七千三百六十一兩四錢四分二釐零

順治十三年起至康熙三十八年止查出隱漏更名開墾等項共地二百六十五頃二十四畝五分九釐零額徵折色共銀六百五十八兩九錢五分四釐零

人丁共三千五百二十五丁共徵均徭銀三千三百四十五兩八錢五分二釐

商稅酒課匠價等項共銀三十二兩一錢四分四釐零

額外加徵工費銀一十三兩七錢六釐零

以上地丁共銀一萬一千四百一十二兩一錢五釐

零

起解司道府銀共一萬一百四十一兩五錢七分六釐零

留支驛站官俸役食銀共一千二百七十兩五錢二分九釐零

未墾荒地二千七百八十八頃五十四畝七分零

隰州

原額各色共地四千一十九頃三十五畝共徵糧二萬五百五石一斗八升四合除蠲免荒地外

實在民田平坡沙三則共地二千四百七十二頃四十八畝五分零額徵折色銀一萬三千五百九

十一兩六錢六分五釐零

屯田　共地六十一頃六畝三分額徵折色銀二百六兩九錢八分三釐零

順治十二年起至康熙十六年止查出隱漏及墾荒更名各民田　共地六百三十四頃四十四畝九釐零額徵折色銀二千八百一十六兩五錢九釐零

人丁　共八千二百二十七丁共徵均徭銀四千一百一十二兩六錢二分九釐零

商稅酒課匠價棗株共銀八十三兩三錢三分八釐零

額外加徵工費銀　二十二兩五錢七分五釐

以上地丁共徵折色銀二萬八百三十三兩六錢九分九釐零

起解司道府銀　共一萬九千三百八十六兩五錢八分一釐零

留支驛站官俸役食銀　共一千四百四十七兩一錢一分八釐零

未墾荒地二百二十四頃七十畝二分

大寧縣

原額各色　共地一千六百九十六頃八畝一分共徵糧一萬五百四十一石一斗七合零除蠲免荒地外

實在民田　平坡三則共地四百三十七頃八十三畝六分共徵折色銀三千三百五兩六錢一分九釐零

屯田　平坡各色共地七頃七十六畝徵折色銀二十七兩一錢六分

順治十三年起至康熙十六年止查出隱漏及開墾各

色共地七十三頃八分九釐零徵折色銀四百四十兩三錢七分五釐零

人丁共一千五百六十六丁徵均徭銀二千三百二十二兩九錢八分八釐零

商稅酒課匠價等銀一十七兩四錢五分七釐零

額外加徵工費銀八兩九錢一分八釐零

以上地丁共銀六千一百二十兩五錢三分零

起解司道府銀共五千三十七兩五錢六分二釐零

官俸役食等項銀共一千六十四兩九錢五分八釐零

汾州衛歸併本縣屯田共徵山坡地二頃七十畝二分徵折色銀五兩

未墾荒地一千一百八十五項二十三畝六分零

永和縣

原額各色共地二千五百七十五項九十三畝一分共徵糧一萬二千九百六十三石四升四合零

除蠲免荒地外

實在民田平坡二則共地七百二十七項四十六畝額徵折色銀三千七百七十四兩三錢一分零

屯田共地三十二項二十六畝二分五釐零額徵折色銀三十六兩四分

順治七年起至康熙十六年止查出隱漏及墾過民田共地一百五項一畝五分零額徵折色銀三百九十六兩九錢八分三釐零

人丁共七百五十七丁額徵均徭銀三百四兩三錢三分九釐零

酒課匠價共銀二十兩四錢

額外加徵工費銀八兩六分二釐零

以上地丁共銀四千五百四十兩一錢三分八釐零

尙少經費不敷銀內除去不敷裁扣銀八十八兩八錢仍該經費不敷銀三百一十兩六錢三分零

起解司道府共銀三千八百六十五兩五錢六分零尚少經費不敷銀內除去不敷裁扣銀八十八兩八錢

留支官俸役食等銀共六百七十四兩五錢七分五釐零又鈌額不敷銀三百一十兩六錢三分零實留支銀六百七十四兩五錢七分五釐零

未墾荒地一千六百三十三頃九畝六分零

稷山縣　洪武三十一年邑民李恳因本縣地窄糧多奏乞量爲蠲免奉旨踏勘將山坡溝澗及不堪耕種之地一槩丈糧多地二千五百五十餘頃每畝徵糧一斗六升將恳正法額外加夏稅九千八百五十八石八斗二升二合七勺秋糧一萬六千八百三十二石五斗三升名曰加倍糧爲稷民重困成化十八年巡撫何喬新具題畧云平陽府稷山縣洪武年間民人李恳妄奏災傷遂有加倍糧色至今倍納十分艱難以此凋敝特甚逃移最多臣竊以爲此等稅糧蠲之則虧原額徵之則人情不堪合無照依折納子粒事例每石折銀三錢草一束折銀二分解布政司收貯候豐年發去邊關買辦糧草庶疲民可以復甦云云適何以陞去不果行二十年邑民張譓奏畧云人民因見不照事例又蒙上司催督拖欠未完糧草兩月之間知縣蔡清縣丞王欽憂恩病故又兼連年災傷人民實是苦楚伏望查照何巡撫奏准事例糧

照例折收云云時何以刑部侍郎奉命賑饑山西謹奏適下委通判王旻勘明令其折收後亦止折收加倍糧而原額糧全徵如故　景泰四年知縣傅录奏本縣荒地二千一百一十七頃二十三畝免荒糧三千九百六十一石五斗四升零永不起徵嘉靖二十八年本縣申推水衝沙壓地七十三頃八十一畝九分除糧該六百一十六石一斗四升零遂將景泰間免徵荒糧徵以抵補以致餘剩謂之羸餘三十一年將羸餘充絳州王糧後以爲常民愈不堪矣　稷山縣志

臨晋縣　順治十三年清出額外無糧地一百八十頃四十二畝零共徵銀一千一百七十二兩零　順治十四年知縣孫宗元申報清丈出額外熟地三百八十八頃五十四畝零共徵銀二千六百二十五兩零十三年之一百八十頃零係知縣何清出之數至十四年知縣孫申報三百八十八頃零原合十三年之一百八十頃零併入此中掩爲巳功朦朧報部希符不論倖滿即陞之例比奉上嚴查于三百八十頃

外追荒前一百八十頃之數于是舍十四年已報清丈細册至十八年私請復丈始則宅址委巷無不糧繼則菴觀寺廟無不糧又繼則千年墳墓無不糧又不足則以軍民地相連畔凡晋府羣牧草場之空棄即曰侵裹民田而無不民糧以致羣牧百姓一訟再訟幾及十年迄今窮鄉僻壤莫不家傳户説司民牧者亦何樂乎有此身後名耶　臨晋縣志

平陸縣地土向分五色曰水平坡沙陡水田無幾每畝徵糧一斗折銀一錢三分四釐雖重于他邑而出息頗豐猶有餘利平地減十之二坡地減十之四按數折徵似爲過之沙陡二色地雖瘠薄而價亷糧輕正供之外必存盖藏無如順治七年當局者誤信奸書去陡地之名歸平坡之内覬一時之快利貽無盡之隱憂毋一念及恨不起九泉而殲之兇明初每糧一石折銀二錢有零厥後漸增一兩以上相沿日久迄今未改無惑乎民之賣孫糶穀剜肉醫瘡也邇年以來

國家無額外誅求小民可苟延殘喘否則死徙逃亡歲歲

乎其不免矣　平陸縣志

鄉寧縣地有五等曰平原曰平坡曰斜坡曰陡坡曰沙石今平坡斜坡改爲平原陡坡改爲平坡並沙石止列三等矣以地糧則平原昔止五升二合今九升四合矣平坡昔止四升八合今八升八合矣沙石昔止三升今六升九合九勺矣且每石昔徵銀六錢二分今徵銀九錢三分矣蓋因從銀缺額一千六百八十兩有奇派入地畝名曰地差每石加銀一錢七分八釐在内故也較之隣壤輕重懸殊圖治者所以鰓鰓有隱憂與　鄉寧縣志

滎河西南一帶地接黃河寒遭連歲侵决始而灘地湮没無存繼而平地盡作波流又未幾而民居衝潰悉化爲魚宅矣觀彼情形能不痛心此張大順與王得志等豁賦之請所由來也今蒙憲批查報卑職即单騎赴驗查自康熙三十二年以至四十三年波臣肆虐將樊村一帶平灘地百有餘頃宅房數十餘間悉付諸水濱哀此殘黎一則曰無田可種再則曰無室可居民將自顧之不暇又遑問國賦哉頻年催科

不前官民困苦彌甚卑職仰體愛民至意不敢壅于
上聞可否轉請
題豁統候憲裁　四十五年四月滎河縣詳
大寧地丁錢糧前朝額載原係一萬一千餘兩因流
寇蹂躪人逃地荒不能完納　國初縣令吳興祚履
畝逐戶清查確實分別地畝荒熟人丁存亡詳院題
報部議減丁不減銀止將荒地錢糧豁免五千有奇
其死逃丁銀未蒙開除俱歸併于現在之丁此寧邑
丁徭獨重之所由來也從前年歲豐登人輸一丁雖
重猶可勉支近因疊遭荒旱死徙者衆無着之銀俱
係現丁包賠或一人而四五丁或一人而二三丁鳩
鵠孑遺力難措辦卑職到任時適值前院諮詢利弊
此卑職所以據里民之籲呈而詳請
題減也奉前司檄查應照何縣之例請減查平陽三十四
屬如臨汾臨晉蒲州洪洞曲沃等大州縣下中一丁
或六錢六分零或八錢零或四錢零下下一丁或三
錢三分零或二錢零又如絳州稷山絳縣襄陵太平
等中州縣下中一丁或三錢七分零或六錢八分零

平陽府志　卷之十二　田賦　七十二

或三錢八分零下下一丁或三錢四分零或一錢五分零或一錢八分零從未有如大寧極小山縣下中一丁三兩一錢九分零下下一丁一兩六錢零以及蒲縣之下中一丁三兩四錢零下下一丁一兩七錢零者也業經前府勘明實係苦累堪憫查永和縣與大蒲二邑貼隣錢糧約畧相等其下中一丁六錢三分零下下一丁三錢一分零比照此例詳司續奉前司以如何通融足額俾縣查賦鈌由于地荒地荒由于丁逃丁逃由于徭重減徭則逃丁復業荒地漸次開墾起科完賦而一萬一千餘兩之原額將來可足所減丁銀不待另設通融之法而自無虧鈌矣況

皇上天地之心遠過堯舜比年以來蠲免各省錢糧數千餘萬修築河工發帑金亦數千餘萬勤恤民隱無所不至

聖駕南巡復奉有蠲豁田賦賑濟凶荒有請必行無災不恤之

上諭正小民積困得甦之日伏乞卽賜轉詳請

題其造福于地方匪小也三十八年大寧縣詳　蒲縣詳

同

蒲縣明時原丁一萬三千有零徵銀一千七百餘兩每丁編銀一錢三分今康熙十一年實在人丁一千一十四丁共徵均徭並辦買本色顔料一千七百七十五兩三錢一分零每丁派銀一兩七錢四分六釐按地丁各色實徵銀六千一十九兩零較明全盛之額未及其半總由蒲併處萬山之中田皆磽瘠地則沙石相半坡地則磽确不平沿溪則遭水患又山中旱寒八月即隕霜晚種大半爲嚴霜所侵且其地別無出産男不商賈女不紡績賦税皆取給于地亂若陰陽和風雨時則榖賤傷農歲一不登即流離逃散蓋土著之民自明末兵燹之後殺傷擄掠十去八九今業主惟招佃耕種歲遇荒旱即負租逃去既非已業亦孰肯重去其鄉至于編丁則不從糧而從籍有糧有籍縱人多亦止照額丁當差有籍無糧雖人少亦必照額丁賠足人丁較前僅十之一而丁銀則仍舊額可謂偏枯之甚矣　蒲縣續送志畧

田分五色爲水平沙坡陡其水田則毫清汎水兩河

之濵遇霪霖則山溪水漲輒衝田亂田去糧存重爲
民累平田大半高原土燥枯槔莫施旱魃爲虐則禾
苗枯焦盡成赤地汾田則河水冲而復修成田者土
少石多收穫最薄水漲復没不可爲常坡田或山塢
或崎嶇磽确不平僅可人種不堪牛耕陡田更險難
駐足惟匍匐耘耔垣處萬山之中水平少而坡陡多
農夫終歲勤動聊可供賦稅衣食一值饑饉朝夕莫
保專賴良司牧寬平而休養之　垣曲縣志
吉州每丁一兩七分有奇鄉寧縣每丁四錢九釐一
州一縣相去六十里均係僻處山陬人民寒苦而吉
州每丁偏重過半有奇其間有餘者尚可支持而無
力窮民竟有積終歲之經營而不能完此一丁之數
者目擊心傷隨加細訪據吉州士庶馮曦等具呈到
職内稱明季版籍萬有餘丁每丁止編銀三錢至明
末兵燹之後黔黎死亡僅存其半而丁徭照數加派
不減原額迨我
聖朝定鼎以來休養生息小民亦既生聚嗣遭三十五六
兩年荒旱逃亡相繼州牧不敢短少原額復行加派

因循苟且被累到今等因前來丁徭偏重事關國賦
懇請轉詳徹底澄清少加裁减定爲畫一庶山城黎
庶共沐恩波於生生世世矣四十五年七月吉州詳
闔芮互爭灘地一案續奉撫憲准豫省咨文檄令卑
府轉行該縣查議去後隨經該縣傳訊爭灘案内李
直等到案具有連名公呈内稱實係伊等徵糧撥餉
之業刊載賦役全書節年奉文折米本府交納兵餉
司有顆粒額結府有如京倉口縣有批廻實收可驗
至該縣諭以四一分授之説則云郎着他要一担灘
土小的們也是不肯的等語則是此項灘地芮民各
有應管業戶祖父流傳相沿已久載入版圖非同於
新漲之灘人人可得因之爲利也明矣若必繩以肆
壹之議孰肯以現在納糧管業之地五分中抽其一
分拱手而授之他人乎不惟情理難通而其勢實有
萬萬不能者也卑府忝居民上念莫非王土王民如
可稍爲遷就調停豈敢以豫晉岐視而故爲執定不
移之見者大非人情矣再查豫咨内稱閿城北至黄
河五里且無論芮誌所載以黄河南岸爲界已見黄

河與闗無涉即就李直等自黃河岸起丈至伊村北堧共九百二十二步尚不足五里之數則泖河村地土人民盡該屬闗不該屬芮矣由此以推可斷以理之所必無在當日原因船戶趙扶國勾引監生劉爾慱張爾藴哄動闗之官紳士民亂行釘牌插撅爲侵佔之計後見芮民將其牌橛寄庫並取有趙扶國等親筆口供存卷無可支飾遂藉口闗地坍入於河亦聊以觧嘲一時耳不期案卷積久遂亦自以前言爲可信致煩兩省撫憲咨移往來連年聚訟不結職此之故茲據該縣詳稱芮邑向有灘地闗鄉原無黃河未便以河中之灘地四一分授詳覆前來卑府覆核無異相應據詳轉請憲臺俯賜咨覆寳與闗民無涉不必再生訟端如闗民必執其四一之議並祈憲臺咨請另行委員公同勘覆庶疆域得有攸分塵案得以歸結兩造人民均沐洪慈於無旣矣　四十年月本府詳按察司

以上各屬積困有載之各志者有新經具詳者因定

額載在全書照例徵收已久不便
題請以致因循今總載田賦之末監門圖繪覽者當亦惻
然念之至垣曲志所述地分五則總屬磽薄不堪大
寧蒲縣所詳兆逃之丁總屬現丁包賠則又三十四
屬之通患也今幸功令森嚴正供之外絕無絲毫擾
累以是地瘠徭重閭左猶可勉力支持吏斯土者當
念平郡外腴內瘠加意撫字勿謂此沃土也而以爲
畋漁之資則所望于後之仁人君子矣

平郡各屬屢沭
皇恩蠲租發帑恭紀曠典
康熙二十七年奉
恩詔各州縣二十八年錢糧全免
康熙三十年翼城縣申報蝗災奉文免本年地丁銀
三千一百二十九兩又撥米四千石煮粥賑濟
康熙三十一年絳州報災發銀九百兩又發銀四百
兩買米賑濟又發米四百七十石設立粥廠
康熙三十四年四月地震知府王輔詳請蒲州河津
倉米煮粥賑濟奉

旨發帑金遣戶部尚書馬齊賑濟每大口給銀二兩小口
給銀七錢五分自力不能蓋房之戶每戶給銀一兩
臨汾等十四州縣并一衛共給過銀十二萬六千九
百五十三兩七月內又奉
旨發西安捐納銀二十萬遣工部員外郎倭倫修理城垣
府縣兩學並文武各衙門共用過銀二萬九千五百
一十五兩六錢七分一釐
康熙三十四年奉
恩詔蠲免臨汾浮山翼城臨晉安邑夏縣聞喜平陸稷山

垣曲蒲州河津解州芮城絳縣一十五州縣三十年
三十一年未完錢糧三十年共免銀一十二萬五千八百一十一兩一錢七分一釐零三十一年免銀二十一萬八千三百四十一兩六錢九分九釐又蒲州所免米豆糧五百八十五石四升九合六勺零
三十六年奉
恩詔各州縣三十七年錢糧全免
康熙三十七年靈石汾西蒲縣霍州隰州大寧永和
七州縣申報旱災奉文蠲免三十六年未完錢糧五
萬三千五百三十二兩八錢發穀二萬五百六十二

石四斗零賑濟饑民

康熙四十二年蒲縣申報雹災奉文蠲免錢糧六百三十四兩八錢零

康熙四十二年

聖駕西巡奉

上諭蠲免四十二年以前未完錢糧

康熙四十五年奉

上諭蠲免四十三年以前未完錢糧四十一年臨汾猗氏共免銀一千九百三兩八錢三分九釐四十二年夏縣臨晉猗氏聞喜共免銀五千六百七十六兩一錢一分七釐四十三年

襄陵浮山太平猗氏河津聞喜共免銀一萬四千八百八十六兩九錢一釐

康熙四十年解州關廟火災發帑銀一千兩葢造

平陽府志卷之二十八